城市轨道交通全自动运行线路运营筹备指南

王乾坤◎主编

中国铁道出版社有限公司

2024年·北 京

内容简介

全书共10章，主要介绍了全自动运行线路的典型功能，总结了全自动运行线路运营筹备经验，将全自动运行线路的运营筹备工作划分为设计介入、工程介入、系统联调、运营生产组织筹备、人员培训、安全与应急管理、初期运营前安全评估七个主要阶段，并分别介绍了七个阶段的运营筹备要点，便于各城市轨道交通公司的运营单位人员在筹备新开通全自动运行线路时参考借鉴。

本书适用于学校专业化教学，也可供城市轨道交通运营管理企业员工学习参考。

图书在版编目(CIP)数据

城市轨道交通全自动运行线路运营筹备指南/王乾坤主编. —北京：中国铁道出版社有限公司，2024.3
ISBN 978-7-113-30786-8

Ⅰ.①城… Ⅱ.①王… Ⅲ.①城市铁路-轨道交通-自动驾驶系统-运营管理-指南 Ⅳ.①U239.5-62

中国国家版本馆CIP数据核字(2023)第240750号

书　　名：城市轨道交通全自动运行线路运营筹备指南
作　　者：王乾坤

责任编辑：朱荣荣　　**编辑部电话**：(010)51873017
编辑助理：王颖锐
封面设计：郑春鹏
责任校对：苗　丹
责任印制：樊启鹏

出版发行：中国铁道出版社有限公司(100054，北京市西城区右安门西街8号)
网　　址：http://www.tdpress.com
印　　刷：三河市燕山印刷有限公司
版　　次：2024年3月第1版　2024年3月第1次印刷
开　　本：710 mm×1 000 mm 1/16　**印张**：7　**字数**：133千
书　　号：ISBN 978-7-113-30786-8
定　　价：45.00元

编 委 会

主　编：王乾坤

副主编：王亚涛

编　委：刘亚光　王东坤　沈英杰　李召珂
董　硕　张文倩　李皓煜　耿斯涵
母庚鑫　庞　涛　张子超　宋森林
郭善彬

前　言

截至2023年末，国内城市轨道交通运营线路306条（不含港澳台），运营里程10 165.7 km，其中地铁线路243条（8 678.79 km），轻轨线路8条（290.18 km）。城市轨道交通在我国城市建设和发展中起到了非常重要的作用，与此同时大众对城轨的运营安全、效率和成本也提出了更高的要求。

目前我国城市轨道交通面临的现状是旧线装备水平普遍不高，新线尽管在系统控制水平方面有所提高，但系统集成化和智能化程度仍然不够，运行过程中仍需大量人工参与，安全、效率及成本均有进一步提升的空间。

目前我国一些城市的轨交新线建设已经采用了全自动运行模式，还有很多城市在考虑建设或正在将旧线更新改造为全自动运行系统。据UITP预测，到2025年，世界全自动地铁运营里程将超过2 300 km，其中大部分增长源于中国。由此可见，我国城轨全自动运行系统迎来了全面爆发的黄金发展阶段，这也将给轨道交通建设与产业发展带来广阔的空间。

筹备全自动运行线路，一般基于传统线路的运营经验，以及介入前期设计与建设工作的积累。而相比于设计与建设模式的逐步发展成熟，全自动运行线路运营筹备工作的经验还相对缺乏，且目前针对全自动运行线路系统化的运营筹备工作指导性文件较少。本书旨在总结全自动运行线路筹备经验，为后续的全自动运行线路运营筹备工作提供参考。

由于作者水平所限，书中难免有疏漏和不妥之处，敬请读者批评指正。

作　者

2023年12月

目　　录

专业术语缩写

AFC(Automatic Fure Collection)　自动售检票系统

ATC(Automatic Train Control)　列车自动控制

ATO(Automatic Train Operation)　列车自动运行

ATP(Automatic Train Protection)　列车自动防护

ATS(Automatic Train Supervision)　列车自动监控

BAS(Building Automation System)　环境与设备监控系统

CAM(Creep Automatic Mode)　蠕动模式

CC(Carborne Controller)　车载控制器

CCTV(Closed Circuit Television)　闭路电视监控系统

CBTC(Communication Based Train Control)　基于通信的列车自动控制系统

CI(Computer Interlocking)　计算机联锁

DTO(Driverless Train Operation)　有人值守下的列车自动运行

DCC(Depot Control Center)　停车场控制中心

DCS(Data Communication System)　数据通信系统

DSU(Data Storage Unit)　数据库存储单元

ESB(Emergency Stop Button)　紧急关闭按钮

FAS(Fire Alarm System)　火灾报警系统

FAM(Fully Automatic Driving Mode)　全自动驾驶模式

FAO(Fully Automatic Operation)　全自动运行系统

GoA(Grade of Automation)　列车运行的自动化等级

LEU(Lineside Electronic Unit)　地面电子单元

LTE-M(Long Term Evolution-Metro)　地铁长期演进系统

MMI(Man Machine Interface)　人机界面

MTBF(Mean Time Between Failure)　平均无故障时间

MTTR(Mean Time to Repair)　平均故障修复时间

MVB(Multifunction Vehicle Bus)　多功能车辆总线

OCC(Operating Control Center)　控制中心

PA(Passenger Announcement) 乘客广播系统

PIS(Passenger Information System) 乘客信息系统

PSC(Platform System Controller) 站台门控制系统

PSD(Platform Screen Doors) 屏蔽门

PSL(Platform Screen Doors Local Control Panel) 就地控制盘

RAMS(Reliability、Availability、Maintainability、Safety) 可靠性、可用性、可维护性、安全性

RM(Restricted Manual Driving Mode) 限制人工驾驶模式

RRM(Remote Restricted Train Operating Mode) 远程限制人工驾驶模式

SPKS(Staff Protection Key Switch) 人员防护开关

SIL(Safety Integrity Level) 安全完整性等级

TCMS(Train Control and Monitor System) 列车控制及监控系统

UTO(Unattended Train Operation) 无人值守下的列车自动运行

WLAN(Wireless Local Area Network) 无线局域网

WTB(Wire Train Bus) 绞线式列车总线

ZC(Zone Controller) 区域控制器

1　全自动运行线路筹备概要

1.1　全自动运行线路筹备阶段划分

全自动运行线路运营筹备工作一般分为设计介入、工程介入、系统联调、运营生产组织筹备、人员培训、安全与应急管理、初期运营前安全评估七个主要阶段。其中运营生产组织筹备与人力组织架构的设置密切相关，可与人员培训并行开展；场景验证工作一般纳入系统联调统一管理并组织实施，但也可单独作为运营单位筹备的一项重点工作，从系统联调中独立出来，在试运行期间由运营人员自行组织开展场景验证工作。全自动运行线路筹备阶段流程如图 1-1 所示。

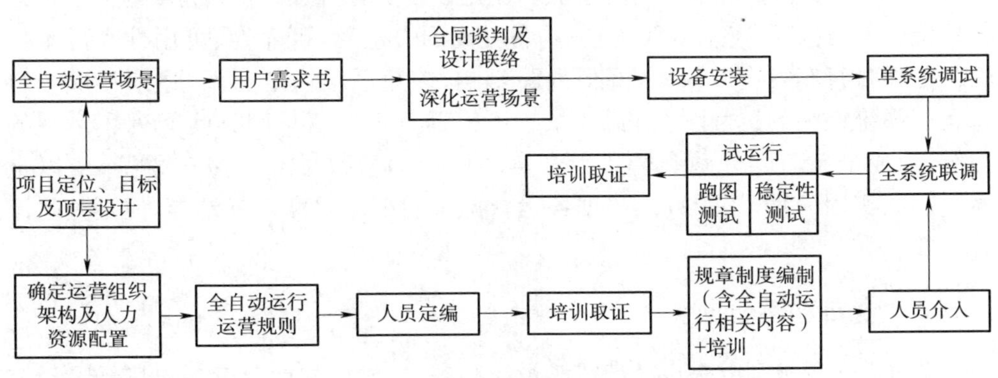

图 1-1　全自动运行线路筹备阶段流程

设计介入工作是指运营人员全程参与一条线路的设计过程，包括工程可行性研究报告、初步设计、施工图设计、系统设计以及整个建设过程的设计变更工作。

工程介入是指运营人员根据不同专业的建设进度，有计划、分批次地进入建设施工现场，跟进各专业施工过程中的工艺标准、设计标准执行情况和隐蔽工程施工情况等，同时也是给予运营人员一个培训的平台。

系统联调是指运营安排骨干员工跟随系统设备厂家人员，共同对系统设备功能及接口功能实现情况进行测试、验证，对全自动运行线路的运营场景进行逐项验证，发现并解决问题。

运营生产组织筹备是指运营单位确定部门设置、人员组织、各部门职责划分并建立相对应的层级管理制度等。

人员培训是指运营单位根据既定的组织架构与人员情况，开展业务技能培训，使之满足全自动运行线路的运营管理需求。

安全与应急管理是指运营人员参与到各个全自动运行系统设备的安全评估过程中，了解掌握各专业设备的安全性能与使用要求，同时根据功能实现情况编制相应预案并开展演练。

初期运营前安全评估是指运营人员接受第三方评估单位对本线路是否具备开通运营条件的检查与评估。

1.2 全自动运行线路筹备重点介绍

1.2.1 全自动运行场景

全自动运行场景是相对传统运营线路提出的新概念，针对全自动运行系统特点，设计全自动运行系统特有作业场景，制定设备交互流程。特别是对应全自动运行系统正常、故障和应急多种场景，具备更高的安全性、可靠性、可用性和可维护性。是保障行车安全及效率，降低故障影响，缩短系统恢复时间，最终形成全自动运行系统完整的、优化的运营场景。可根据每日运营早间到晚间列车运行的主线，形成全自动运行系统场景。全自动运行场景数量并非多多益善，应以全面、便利、实用为宜，场景数量根据各运营单位的细化程度略有差异，但是基本流程一致。

1.2.2 全自动运营规则

全自动运营规则以全自动运行场景为基础，在设计初期运营参与场景设计完善设备交互和人机交互，形成以人员交互为主要内容的运营规则，并立足于运营管理、维护，以行车为核心，综合行车各相关部门及专业岗位职能分工为切入点，对运营组织工作进行总体制定，其根本作用在于明确各部门工作界面，确定各部门在行车组织中的相关工作职责，以保障运营路线安全、有序、高效运营，为乘客提供安全、准时、便捷、舒适的服务。

1.2.3 运营组织架构

全自动运营线路由于其运营组织方式与传统线路差异较大，客运与行车组织相关岗位人员的工作职责变化较大，因此无法完全按照传统线路运营组织架构设置组织运营工作，需要对全自动运营线路的岗位职责进行调整，部分城市地铁运营单位成立单独的运营组织管理全自动运行线路，部分城市成立专门的团队管理全自动运行线路。运营组织架构的设置是全自动运行线路筹备的关键环节。

1.2.4 运营人员培训

全自动运行线路关于运营人员的培训内容相比传统线路变化较大，部分岗位的工作职责、工作内容、设备操作等均有较大变革，需要重新开发此部分人员的培训教材，培养选拔培训师，并对新入职人员、转线人员开展培训。

1.2.5 独立安全评估

独立安全评估工作一般分为信号集成商负责及甲方独立招标负责两种方式。相比传统线路的独立安全评估，全自动运行线路的独立安全评估范围新增通信、综合监控、站台门等专业，运营人员需重点关注各阶段关键设备的安全授权，以及系统设备的风险，为开通初期运营后的安全管理工作提供依据。

2　全自动运行线路简介

2.1 定　　义

2.1.1 全自动运行

根据现行标准《轨道交通　城市指导运输管理和命令/控制系统　第2部分：功能要求规范》(IEC 62290-2)及《轨道交通　城市轨道交通运输管理和指令控制系统　第1部分：系统原理和基本概念》(GB/T 32590.1—2016)，将列车运行的自动化等级(GoA)划分5级，具体如下：

GoA0：人工驾驶运行模式(TOS)，无ATP防护；

GoA1：非自动化驾驶运行模式(NTO)，ATP防护；

GoA2：半自动化驾驶运行模式(STO)，ATO驾驶；

GoA3：有人值守下列车自动运行(DTO)；

GoA4：无人值守下的列车自动运行(UTO)。

列车的全自动运行按是否配备司机，可分为有人值守的全自动运行(DTO)和无人值守的全自动运行(UTO)。全自动运行等级GoA3和GoA4两者在运营管理上的区别在于有/无人干预。一般来说，运营单位筹备的全自动运行线路是指DTO与UTO两种模式，在系统功能的实现方面完全一致，区别只在于列车上是否配置人员，以及人员职责的不同。

2.1.2 全自动运行特色功能

全自动运行线路相比传统线路新增或改变的系统功能及设备功能，包括段场自动化相关特色功能、控制中心相关特色功能以及系统联动控制的相关特色功能。

2.1.3 全自动运行场景

全自动运行场景是全自动运行筹备的主要内容之一，与非功能类性能指标及运维管理形式等共同构成运营需求，对各专业系统功能分配、系统设计、作业流程及运营规章编制等均有重要的指导作用。

2.1.4 功能设计

功能设计是按照全自动运行场景要求，在对用户需求进行功能调查分析的基础上，对系统设备应具备的目标功能系统地进行概念性构建的创造活动。

2.1.5 联调联试

联调联试是在全自动运行线路试运行前，对各系统之间的接口、功能、全自动运行场景进行检验，使整个系统满足试运行、初期运营要求的联合调试过程。

2.1.6 运营规则

运营规则是基于全自动运行场景制定的运营单位各部门之间管理界面的顶层设计文件，明确了正常业务接口、应急处置流程与全自动运行各种模式下的接口界面，是编制运营制度的顶层设计文件。

2.2 发展趋势

全自动运行技术发展可分为探索阶段、推广阶段与成熟应用阶段。探索阶段一般认为在 1962—1990 年，以纽约为代表的世界上第一条全自动运行城市轨道交通线路于 1962 年在纽约投入运营，在时代广场和纽约大中央火车站之间运行；1965 年美国西屋电气公司提出建设“无人驾驶的、高频率的、经济的公共交通系统”，在匹兹堡附近的南区公园（South Park）建成了全自动化运输系统 SkyBus；1975 年美国西弗吉尼亚大学开通了全自动运行线路 MorgantownPRT，目前该线仍正常运营。这个阶段全自动运行系统的车地之间通信通常应用感应环线非连续通信方式，采用固定闭塞方式控车，运行的控制依靠冗余计算机实现，但系统集成度不高，主要应用于公园观光线、机场摆渡线等客流较小的专线当中。

推广阶段一般认为在 1990—2010 年，全自动运行技术开始应用于大客流的轨道交通中，巴黎 14 号线是巴黎地铁中第一条全自动化的线路，1998 年 10 月开通运营，列车运行自动驾驶系统由西门子公司负责设计，运行控制由多处理器摩托罗拉 68020 计算机完成；新加坡东北线为全世界第一条实现正线、车辆段全自动运行的重载地铁线路，线路采用钢轮钢轨制式，信号为阿尔斯通公司的 Urbalis 系统（CBTC），最高运行速度 90 km/h，高峰时间最小行车间隔 2 min，车辆为 6 辆编组，2003 年 6 月开通运营。此阶段车地通信开始采用连续的无线通信方式，控车方式由固定闭塞向移动闭塞发展，出入段由人工驾驶向自动驾驶发展。移动闭塞由于轨旁设备较少，更进一步保证了系统的可靠性，系统的集成度更高，已经逐渐成为城市轨道交通自动化系统的标准配置。

成熟应用阶段一般认为在2010年后,欧盟于2004—2012年期间组织相关行业协会、设备制造商和运营商启动了一系列包括政策、技术在内的研究项目,设计研发具有开放系统结构和接口的下一代城市轨道交通系统,包含车载、轨旁、通信、乘客服务、节能和系统6个方面。2009年完成整个城市轨道交通系统的各种应用测试(以2008年12月的马德里地铁测试为标志)。法国巴黎地铁1号线,该线2013年顺利完成了旧式地铁向新型自动化地铁的转变,为穿越巴黎最繁忙市区的全自动运行重载地铁。此阶段全自动运行从低密度、低客流线路逐步发展应用到大客流、高密度线路,能够实现全线的自动化运行(含停车场/车辆段),这个阶段移动闭塞成为主流技术,更加强调系统的安全可靠性。

2.3 系统优势

2.3.1 安全可靠

相比传统的CBTC(基于通信的列车自动控制)系统,在联锁、连续双向的车地通信系统等方面冗余性更高,提高了系统可靠性、安全性、可行性及可维护性。根据对某地区轨道交通传统地铁线路统计发现:10 min以下延误事件中,人为因素引起的晚点占企业内部原因引起的晚点比例为23%。30 min以上延误事件中,人为因素引起的晚点占企业内部原因引起的晚点比例为25%,从上述统计可以看出人为因素造成晚点概率较大。

全自动运行系统,使得人工重复性操作大量减少,从而也能极大缩减人为因素在全自动运行系统造成晚点的概率,保障了乘客可享受更加安全、舒适、可靠的运营服务。

2.3.2 职责优化

全自动运行系统列车在车辆段/停车场需实现自动唤醒、自动休眠、自动出入库、自动洗车、控制区域自动驾驶、停车列检库和洗车库精确停车及对位自动调整、全自动调车等功能。通过将车辆段/停车场分为自动控制区域和非自动控制区域,两个区域间设置转换轨,并且自动控制区域和非自动控制区域之间采取隔离防护措施等方式实现全自动车辆段/停车场的功能需求。

系统的高自动化将相关运营人员从重复性劳动中解放出来,为岗位复合创造了条件,也为人员精简创造了机会,部分职责转移到OCC来进行,如相关设备的远程复位、新增车辆调、乘客调。考虑在设备故障后能够远程控制或自动降级，从硬件和软件方面需进行相关补充或补偿，以保证列车运行安全可靠。

2.3.3 灵活运营

全自动运行消除了传统线路模式下列车运行与人员配备之间的强制“绑定”属性，即列车上可不再配置列车驾驶员，这为行车组织提供了更多的灵活性，特别是突发大客流下的运力调整方面。全自动运行系统可更加精准地控制列车运行时间、站停时间，因此较非全自动运行系统相比可提供更小追踪间隔、更小折返时间、列车追踪间隔，从而提高列车旅行速度。同时，全自动运行还兼容常规驾驶模式，节约司机操作时间，提高站台有效停站时间。UTO 自动折返时，列车根据信号系统的移动授权自动确定运行方向，同时自动激活/关闭相对应侧的司机室，实现两驾驶室的转换，缩短列车折返间隔，实现 24 h 不间断运输服务。

2.4 全自动运行相关技术规范/标准

随着全自动运行系统的发展，各类全自动运行白皮书、技术规范、标准等也相继发布，目前全自动运行相关的技术规范/标准主要包括《城市轨道交通全自动运行系统建设指南》(WP-2017001)、《城市轨道交通全自动运行系统运营需求导则》(WP-2019001)、《城市轨道交通全自动运行系统运营功能测试验证指南》(第一版)、《城市轨道交通全自动运行系统运营指南》(WP-2019002)、《中国城市轨道交通全自动运行系统技术指南(试行)》、《城市轨道交通全自动运行系统规范　第 2 部分：核心设备产品》(T/CAMET 04017.2—2019)、《城市轨道交通全自动运行线路初期运营前安全评估技术规范》(T/SHJX 0019—2020)、《城市轨道交通全自动运行系统验收规范》(T/URTA 0009—2022)。

3 运营介入全自动运行线路功能设计

运营人员提前介入工程建设是建设向运营过渡的一个关键环节，对后续运营需求落地、运营经验积累、运营管理等具有重要意义。

3.1 基本要求

全自动运行线路功能设计贯穿于工程可行性研究、初步设计、各系统用户需求书、合同谈判及设计联络、图纸审核、现场介入、系统联调（含全自动功能调试及场景验证）等各个阶段。运营人员需在不同的阶段关注不同全自动运行功能设计情况，避免出现需求遗漏；另一方面运营人员也要尽早提出全自动功能设计需求，避免需求无法落实。

3.2 全自动运行特色功能

运营筹备人员需重点跟进全自动运行特色功能，如列车在车辆段/停车场需实现自动唤醒、自动休眠、自动出入库、自动洗车、控制区域自动驾驶、停车列检库和洗车库精确停车与对位自动调整、全自动调车等功能。

3.2.1 段场自动化相关特色功能

全自动运行线路采用全自动段场，应确定自动化区域及非自动化区域；设置休眠唤醒区域，支持列车休眠唤醒、上电自检及联合测试；实现全自动洗车、车库门联动打开/关闭功能；实现受电弓、空调、视频等联动功能。

3.2.2 控制中心相关特色功能

增加 FAM/CAM/RRM，控制中心增加乘客调工作站、车辆调工作站，实现控制中心与乘客紧急呼叫，实现列车远程重启、远程/人工休眠等功能，实现 CCTV 画面自动联动及移动推送功能。

3.2.3 联动控制相关特色功能

增加站台门与车门对位隔离功能，站台门设置间隙探测装，IBP 盘设置 SPKS 按钮、旁路按钮等，站台设置联动开门按钮、联动关门按钮，折返站设置清客确认按钮等。

3.3 正线设计

全自动运行线路对比于传统运营线路，在正线设计方面变化较小，运营人员可分别按照工程可行性研究、初步设计等阶段的建设时序跟进设计阶段全自动功能要点。

3.3.1 工程可行性研究阶段

该阶段应确定全自动运行系统顶层需求，包括：建设等级、开通模式、备用中心设置、疏散模式及车地通信综合承载方案等；应确定与土建设计相关的设计边界条件、UTO 模式运营需求，以明确行车配线方案及配线长度；应提出信号、车辆、综合监控、站台门、通信等关键系统的性能指标及 RAMS 指标，以确保全自动运行系统的实现。

全自动运行系统应具有更高的可靠性和可用性，关键运行设备应采用冗余技术，减少影响运营的故障。全自动运行系统在满足系统正常运行的前提下，应具备较强的抗干扰能力及故障恢复能力。列车 FAM 应在中心运营指挥控制模式下运行，故障降级至车站控制模式时，可维持 FAM。全自动运行系统的设备配置应有利于行车组织和运营管理，实现行车指挥自动化和列车运行自动化，应根据全自动运行系统的特点制定全自动运行下的运营组织原则、事故与灾害处理等应急预案。

3.3.2 初步设计审查阶段

1. 总体技术要求

所有正线、折返线、渡线、停车线、出入段场线、试车线均应具备连续式通信列车控制级别的功能。全自动运行区域正线正常运行方向应具备全自动运行功能，反方向行车可具备全自动运行功能；全自动运行区域车辆段、停车场应具备双向全自动运行功能、站台跳跃对标功能、对位隔离功能等，对位隔离功能包括车门对位隔离站台门、站台门对位隔离车门。全自动运行系统应根据线路条件配置雨雪模式，防护开关联锁门应在所有下站台的台阶处设置，同时应开向车站公共区，地铁设备设施及设备管理用房均不应设置在防火开关联锁门外设置。

2. 正线设施配置要求

作为运营交路车站的配线应具备停放列车和检修作业必要的检修通道，正线配线宜间隔3或4站设置一条停车线，在满足全自动运行工况下，故障应急处置需求以减少对运营秩序的影响。正线停车股道、停车线应配置维修人员通道及其必备的维修服务设施，如：电源、通话、视频监视。供电分区的划分应考虑供电分区异常导致列车不能正常通过时，可利用车站配线折返组织临时列车运行交路。

针对同时间、同方向存在3列（含）以上列车运行的长大区间，宜在区间中部或相邻车站站端设置配线，以便在区间堵塞时，组织列车尽快离开区间。针对全自动运行系统故障列车救援联挂或推送的方式，配线设置应尽可能减少救援时列车转线次数。全自动运行线路的起终点、交路折返点设置的配线需实现列车自动折返、自动换端功能。全自动运行线路沿线设置的停车线，需满足临时自动折返、自动增减列车、故障列车救援、故障列车停放、驾驶模式转换（需用于降级运行）等功能。

站台外部道岔与站台端部应留有一定的安全距离，以保证列车在站台进行跳跃作业的安全。全自动运行线路与非全自动运行线路的线间联络线，宜纳入非自动运行区控制。全自动系统模式下，应提升区间疏散能力和系统配置，如提升区间照明照度、疏散指示标识设置密度和智能化要求、增设区间广播等。应在正线（车站）及车辆基地设置人员防护开关（含旁路开关），对进入正线区间及车辆基地内自动化区域的人员进行安全防护。正线车站及车辆基地应设置冗余的信号网关，实现ATC网络与ATS网络的交互，系统应在不同地点设置冗余的信号网关设备。

3. 全自动运行系统正线自动化区域

自动化区域应包括正线和车辆段、停车场相应区域，其中正线自动化区域包括正线、折返线、渡线、停车线、出入段场线，应为设置物理隔离的全封闭区域，不应设置道口，车站应设置站台门、落轨梯栅栏门、SPKS、门禁等措施，防护自动化区域的人工作业。每个防护分区应设置SPKS，宜在通往各防护分区的出入口处设置门禁控制人员的进出，由信号系统为各防护分区建立逻辑防护保障人员人身安全。

4. 功能要求

(1)唤醒。宜在正线停车线、终端折返线等区域具备唤醒功能。

(2)休眠。宜在正线停车线、终端折返线等区域具备休眠功能。全自动运行系统根据运营计划，在结束运营任务后控制列车回车辆基地停车列检库或正线存车线，对除休眠唤醒单元及车地通信设备外的整列车设备进行断电，完成列车休眠。休眠状态下休眠唤醒单元实时与ATS通信汇报列车状态并接受ATS发送的唤醒指令。

(3)进站停车。列车进站自动精确停车，中心应能显示列车停稳状态；列车进站、到站、离站时应自动触发车辆广播；列车到站时，应自动触发站台广播；列车进站欠标不超过规定距离时，应向中心报警，并自动调整跳跃对标；当列车进站欠标超过规定距离时，应向中心报警，车辆继续运行对位停车；列车进站过标后宜自动施加紧急制动或最大常用制动，应向中心报警；当列车进站过标未超过规定距离时，系统应自动缓解制动，并自动调整跳跃对标；当列车进站过标超过规定距离时应禁止自动调整跳跃对标，转为人工处理，或由中心授权继续运行至下一停车站。列车自动调整对标时，中心应显示列车跳跃对标状态。系统应对跳跃次数及跳跃方向转换次数进行限制，超出规定的限制次数后应实施紧急制动，并应向中心进行报警。进站停车时，车门与站台门应同步打开。

(4)进入正线服务。全自动运行系统自动为进入转换轨和正线停车线、终端折返线唤醒成功的列车分配车次号，并向列车发送“正线服务”工况指令。列车收到“正线服务”工况指令后，执行控制照明、空调或电热打开等操作。

(5)停止正线服务。回场/段列车完全进入转换轨，或者停止正线运营列车进入正线停车线、终端折返线时，系统应向列车发送停止“正线服务”指令后进入停止正线服务；列车收到停止“正线服务”工况指令后，执行控制照明、空调或电热关闭等操作；三轨供电时，列车进入场内后系统宜远程断开母线高速断路器。

(6)扣车功能。设置扣车后，系统宜实现列车运行至扣车站台打开车门和站台门且不关闭；列车关闭车门后未发车前收到扣车命令，宜打开车门、站台门；取消扣车后，系统应自动关闭车门和站台门，待发车条件满足后发车。

(7)跳停功能。设置跳停后，系统应实现列车运行至跳停站台不停车通过；系统触发车站跳停广播和显示屏显示。系统应根据计划及进路条件完成自动换端。

(8)站台发车。站台发车时，系统应检查停站时间、车门及站台门关闭且锁闭、紧急停车按钮未按下、出站信号开放、区间 SPKS 开关设置为非防护位、间隙探测检查无障碍物等条件；条件不满足时，应禁止列车发车；系统实施扣车操作时宜联动打开列车车门和站台门，并触发站台广播和显示屏。扣车命令取消后，列车应自动关闭车门和站台门，待发车条件满足后发车；站台发车时，车门与站台门应同步关闭。

(9)再关车门/站台门控制。当车门/站台门进入防夹保护状态，系统应具备通过按压站台关门按钮实现车门/站台门再关门控制；系统宜具备人工远程再关门功能。

(10)清客。系统应按列车运行计划自动设置站台和列车清客或根据运营需求人工设置临时清客，系统可联动车辆及站台广播、PIS；本地按压车门和站台门关门按钮后，经过本地/远程清客确认，待发车条件满足后，系统应自动发车。

(11)全自动运行系统应具备车门站台门间隙防护功能。

(12)全自动运行系统应具备车辆障碍物检测功能,宜实现脱轨检测。在与列车前方的障碍物触碰时或触碰前检测到障碍物,进行障碍物报警并触发车辆紧急制动停车。检测到障碍物或脱轨报警后,列车应立即施加紧急制动停车,并为列车建立防护分区,禁止后续列车接近并联动相关站台自动设置扣车,应根据线路实际条件进行邻线防护。同时应在调度终端进行报警并联动区间及车前 CCTV 图像至调度显示终端。

(13)障碍物或脱轨报警确认解除后,该列车宜人工升级 FAM 继续运行。

(14)自动区域内的人员防护:

①系统应在车站及车辆段、停车场设置 SPKS,对进入正线及车辆段、停车场内自动化区域的人员进行安全防护。

②SPKS 激活后,防护区域内已办理进路信号关闭,防护区域内保护区段状态设置为"未锁闭";已经进入防护区域的全自动运行列车和连续式通信级别列车紧急制动停车。如果列车在紧急制动过程中全列车出清防护区域,在停车后自动缓解,并继续运行。

③每侧站台轨行区设置 2 个防护分区。

④出站防护分区负责本站出站计轴(不含站台轨)至下一站进站前计轴之前的区段。

⑤进站防护分区负责本站进站计轴(含站台轨)至上一站出站前计轴之前的区段。正线与车辆段间的 SPKS 防护分界为进段场(JC/JD)信号机处计轴。

⑥SPKS 恢复后,防护区域内已办理进路信号宜自动开放,列车宜自动恢复运行,无需中心确认。

(15)紧急操作装置激活处理。紧急操作装置激活后,系统应联动车载视频监视系统图像、广播。列车在区间运行过程中紧急操作装置激活时,系统应控制列车继续运行至安全区域(宜为站台)并打开车门/站台门,在人工干预前应保持车门打开状态。在停站过程中车门未关闭前,如紧急操作装置激活,系统应保持车门/站台门打开状态;车门/站台门关闭后,如列车未启动,系统应切除牵引,并打开车门/站台门。列车出站过程中紧急操作装置激活,车载 ATP 判断紧急制动停车后列车车身若与站台位置有重合(至少一节车)时,则紧急制动停车;否则,按运行至下一停车站处理。

(16)车辆火灾监控及系统联动处理。全自动运行系统应监控车辆火灾状态,包括车辆火灾的报警提示、车辆火灾的报警确认和复位。列车在区间运行时发生火灾报警,系统应控制列车运行至下一停车站台对标停车后打开车门/站台门,在人为干预前应保持打开状态,列车在长大区间运行且具备疏散通道时,可实现在区间疏散通道的停车点实现远程开门功能,宜就近停车疏散乘客。列车在停站期间发生火灾报警,保持车门/站台门打开状态;如车门/站台门已关闭且列车未启动时,系统应切除牵引并打开车门/站台门。发生车辆火灾报警时,应联动相关区域的车载视频监视系统图像至调度显示终端及驾驶台,并提示进行确认及复位。火灾报警确认后,系统应联动相关站台提示设置扣车、跳停等命令,同时触发车载及站台 PIS、PA。系统应支持并响应人工对站台联动设置扣车、跳停等命令的调整。火灾复位后,系统应继续控制列车关闭车门/站台门,待发车条件满足后发车。列车在车辆段、停车场内发生火灾时,系统应立即实施制动停车,等待救援。

(17)车站火灾监控及系统联动处理。全自动运行系统应监控车站火灾状态,包括车站火灾的报警提示、车站火灾的报警确认和复位。发生车站火灾报警时,应联动相关区域的 CCTV 图像至调度显示终端,并提示进行确认及复位。火灾报警确认后,系统应联动相关站台设置扣车、跳停、立即发车等命令,同时触发车载及站台 PIS、PA。系统应支持并响应人工对站台联动设置扣车、跳停、立即发车等命令的调整。车站火灾报警确认后,车站 PA 应强制转入消防应急广播状态并保持 AFC 闸机打开。

(18)区间火灾监控及系统联动处理。全自动运行系统应具备区间火灾的报警提示、报警确认和复位功能。区间火灾报警时,应联动相关区域的 CCTV 图像至调度显示终端。区间火灾报警确认后,系统应联动相关站台提示设置扣车、列车紧急制动等命令,同时触发车载及站台 PIS、PA。系统应支持并响应人工对站台联动设置扣车、列车停车等命令的调整。

(19)系统应具备远程引导乘客进行区间疏散的功能,站台层设备用房区临近轨道一侧优先选用墙体分隔;当采用栏杆分隔时高度不低于 2 m,同时加密钢格栅,避免人员或设备侵入轨行区,影响车辆运行。站台层下轨行区楼梯应在第一踏步前设置实体门或栏栅门,应设置门禁,经授权后方可进入。在车辆正常运营期间不允许人员进入轨行区。部分站点可结合行车运营组织,在站台层公共区设置应急控制室。

3.4 车辆基地设计

传统线路车辆基地采用非自动化段场,全自动运行线路采用自动化段场,实现了段场内的全自动运行、洗车、休眠/唤醒等,因此全自动运行线路车辆基地设计也是运营人员应重点关注的内容。按照线路建设顺序,分别按照工程可行性研究、初步设计等阶段对运营人员需重点关注的设计要求进行梳理。

3.4.1 工程可行性研究阶段

该阶段应确定全自动运行系统顶层需求，包括：建设等级、开通模式、备用中心设置、疏散模式及车地通信承载方案等。确定与土建设计相关的设计边界条件，包括车辆基地自动化与非自动化区域划分、停车库长度、停车库型式、牵引供电控制、弱电设备安装等。确定 UTO 模式运营需求，以明确行车配线方案及配线长度，提出信号、车辆、综合监控、站台门、通信等关键系统的性能指标及 RAMS 指标，以确保全自动运行系统的实现。

3.4.2 初步设计阶段

1. 规划要求

(1)全自动运行系统车辆基地运营列车的启动(唤醒)、停车(休眠)及运营前后列车的检查工作由系统自行完成。车辆基地库线长度应增加安全保护距离，以确保自动化区域列车和人员安全。一般地，全自动运行系统线路车辆基地单车占地面积规划指标较非全自动运行线路增加不宜超过 18%。

(2)在 DTO 驾驶场段，列车需具备定位记忆功能，启动后通过记忆的定位，无需人工驾驶即自动升级 CBTC-ATO 驾驶模式。此外，DTO 驾驶场段还具备自动洗车、自动休眠与唤醒、自动检测、列车工况、工作人员防护(SPKS)、车辆维护管理等功能。

(3)UTO 驾驶场段则应同时具备 DTO 驾驶功能、轨道障碍物检测、列车蠕动模式等功能。在某些故障下控制中心通过备用接口直接控制车辆牵引、制动系统低速运行，不影响列车出库作业。

2. 车辆基地区域划分

(1)为满足列车全自动运行需求，车辆基地内应根据功能划分自动化区域和非自动化区域，车辆基地自动化区域与非自动化区域的管理分界应设置模式转换区，转换区宜设置在牵出线，以满足自动化区域与非自动化区域的平滑过渡。

(2)车辆基地全自动运行区域与非全自动运行区域的转换区域须具备列车全自动运行条件，转换区域的长度设置需满足列车升级为全自动运行模式的要求；该区域需要配置人员通道、门禁设施、登乘平台等设施，并制定管理规定进行管理，保证全自动运行与人工驾驶之间转换时人员的安全。

(3)自动化区域与非自动化区域应相对独立，不宜间隔设置，避免作业干扰。应设置物理隔离的全封闭区域，不设置道口，设置 SPKS、门禁等设施，防护自动化区域的人工作业。

(4)停车列检库、洗车库、出入线及部分咽喉区等应设置在自动化区域，检修库、镟轮库、工程车库、试车线、生活办公区等应设置在非自动化区域，其中试车线宜具备列车全自动试车的条件。

(5)车辆基地停车列检库宜每二或三股道设置为一个物理防护分区，各防护分区间应设置物理隔离，并设人员防护开关及制定相配套的作业管理措施，入口至分区及分区之间可通过库内地下通道、架空通道或库后平交道等专用通道贯通，通道处设置门禁，宜与 SPKS 联锁，人员及车辆通过门禁进入自动化区域时，须得到 OCC/DCC 授权后方可进入。

3. 全自动区域功能

车辆基地全自动区内广播、视频监控及火灾报警等系统宜实现联动，加强自动化区域防护。车辆基地全自动区域内应能实现列车的自动休眠、自动唤醒、自动出入段、自动洗车、自动调车等功能，且运营控制中心及车辆基地控制中心应能对列车休眠、唤醒、运行、清扫等状态进行管理和控制。正线自动化区域正常运行方向应具备全自动运行功能，反方向行车可具备全自动运行功能，车辆基地自动化区域应具备双向全自动运行功能。

4. 车辆基地运作

车辆基地调度指挥职能整体可由车辆基地调度中心 DCC 管理，其中自动化区域调度指挥职能也可由 OCC 管理。自动化区域与非自动化区域的管理分界位于模式转换区。车辆基地自动化区域的信号调度、供电调度以及轮值技术人员的线路故障处理调度指挥职能可由车辆基地调度中心 DCC 或 OCC 管理。车辆基地非自动化区域内列车及系统设备的调度和维护作业、车辆基地的安全管理和消防管理功能应由 DCC 负责。运营控制中心宜能实现对车辆基地全自动区域的控制，并按相关要求可实现控制权在运营控制中心和车辆基地之间的转换。

5. 备用控制中心

备用控制中心系统设备、用房及相关设施可按满足全自动行车指挥的最小需求配备，备用中心各系统核心服务器宜与控制中心热备冗余，宜采用单机配置。备用控制中心设置宜和 DCC 统筹考虑，备用控制中心宜具备对车辆基地的站场运行情况监控功能，车辆基地可由中心或车辆基地自动/人工控制，并可实现中心与车辆基地控制权的相互转换。自动运行车辆基地应提高自动化管理水平，车辆基地内宜设置智能管控系统，实现对计划调度、检修作业、生产调度、安全质量、综合管理等工作的信息化管理。

6. 智能管控系统

智能管控系统通过收集车辆运行状态信息，通过大数据和人工智能等先进技术应用，构建车辆智能维修体系，为车辆的智能运维决策提供支持。智能管控系统应对列车关键部件的跟踪管理，提供精确、及时的维护作业工单，保证车辆维修的闭环，并控制车辆维修的质量以保证全自动运行列车安全运行。智能管控系统应与供电、信号、门禁等系统建立逻辑防护（门禁不与列车移动授权关联），在合适位置应设置带电显示，并对检修人员进行安全防护。

7. 行车要求

运营单位应明确全自动运行列车与非全自动运行列车在转换区域进行模式转换时的规则与程序。车辆在自动化区域与非自动化区域之间切换运行的驾驶方式宜采用人工驾驶。全自动运行线路的轨道车应采用人工驾驶模式运行。车辆基地咽喉区应具备多进路连续接发车的功能。

8. 设施设备

（1）库区及线路。停车库应设置与列车运行区域相隔离的人员安全行走区域，试车线宜靠近非全自动运行区域布置，避免调车作业跨过全自动运行区域；试车线长度宜满足车辆和车载设备所有功能及线路最高限制速度试车要求，应具备列车全自动运行功能测试条件；车辆基地内停车列检库、自动化/非自动化区域转换轨、洗车库长度设置应满足信号 ATP 安全防护距离，确保自动化区域列车和人员安全。可采取滑动式液压车挡，并允许列车以低于 5 km/h 速度撞击，以减小安全距离。安全距离见表 3-1。

表 3-1 安全距离

序号	项　　点	前提条件	安全距离
1	停车列检库	允许撞击	安全距离宜为 10 m
		不允许撞击	安全距离宜不小于 15 m
2	洗车线	允许撞击	洗车库前车辆到信号灯的安全距离宜为 40 m、洗车库后车辆距车挡之间的安全距离宜为 10 m
		不允许撞击	洗车库前车辆到信号灯的安全距离宜为 40 m、洗车库后车辆距车挡之间的安全距离宜不小于 15 m
3	牵出线	不允许撞击	车辆距车挡之间安全距离宜为 40 m

注：允许撞击的速度为 5 km/h，车挡为滑动式车挡。

（2）除常规作业所需距离之外，线路长度设置还需考虑信号保护距离。停车列检库内每股道的长度需考虑列车距信号机的瞭望距离、列车长度、安全保护距离长度（宜为 20 m）。自动控制区域/非自动控制区域转换轨长度需考虑信号机距道岔的距离、列车距信号机的瞭望距离、列车长度、安全保护距离长度（宜为 40 m）。洗车库前股道长度需考虑信号机距道岔的距离、信号机距洗车库前平交道的距离、列车距信号机的瞭望距离、列车长度、安全保护距离长度（宜为 40 m）。洗车库后股道长度需考虑信号机距洗车库后平交道的距离、列车距信号机的瞭望距离、列车长度、安全保护距离长度（宜为 20 m）。车辆基地库区列检线 A 段均设计检查坑，B

段预留3条股道不设置检查坑外,其他股道均设置检查坑。

(3)信号。车辆基地信号机设置应采用列车信号与调车信号分离方式,应设置独立的轨旁ATP/ATO计算机设备。备用控制中心应设置车辆监控调度功能,工作站可独立设置或与行调工作站合设。工作站界面应能显示自动化区域、非自动化区域、SPKS状态、间隙探测结果、洗车机状态、车库门状态(若有)等;备用控制中心应具备车载换端、开关车门、允许/禁止FAM运行授权、部分紧急制动状态缓解、设置车辆相关指令(空调/电热参数设置、客室照明等)等远程控制功能,可具备清客远程确认、车载设备远程重启功能。信号系统应具备连续式通信的列车控制级别(CBTC)和联锁控制级别。全自动运行模式应仅在连续式通信的列车控制级别(CBTC)下运行,所有正线、折返线、渡线、停车线、出入段场线、试车线均应具备连续式通信列车控制级别的功能。车辆段、停车场的自动化区域应具备连续式通信的列车控制级别的功能。

信号系统应与车辆配合,实现跳跃对标功能及列车在车辆基地启动、出库、入库时自动触发车辆鸣笛、自动洗车功能。信号与停车列检库库门、洗车库库门采用硬线接口,实现库门的联锁防护。信号系统与洗车机采用硬线接口,互传洗车机工作状态、洗车请求及请求确认、列车停稳信息、移动指令、紧急停车指令等,实现全自动模式下的列车自动洗车功能。停车列检库库线应设置用于休眠、唤醒的应答器设备。用于列车休眠和上电后静态定位。在其他库线及正线具备停车功能的辅助线可根据运营需求进行设置。试车线应设置具备全自动运行系统的动态及双向试车功能的设备。车辆基地全自动区域内具有精确停车需求的地点应设置精确停车应答器,在有列车轮径校正需求的地点应设置列车位置校正应答器。

信号系统与洗车机交互信息:信号系统向洗车机输出的洗车请求、洗车区通过请求、列车停稳信息;洗车机向信号系统输出的洗车机就绪、列车允许移动、洗车区允许通过、洗车机故障信息。信号系统在洗车指定位置停车后,应持续向洗车机发送“洗车请求”,在收到洗车机反馈的“洗车机就绪”后,进行洗车作业。信号系统在洗车过程中,应持续向洗车机发送“洗车请求”。根据洗车区内的洗车停车点设置,信号系统判断列车在对应洗车点停稳后,向洗车机发送“列车停稳”信息;在该洗位完成洗车后,洗车机反馈“列车允许移动”,信号系统控制列车继续移动。如果列车需要不停车通过洗车机区域,信号系统发送“洗车区通过请求”,在收到洗车机反馈“洗车区允许通过”后,可不停车通过洗车区。在“洗车机故障”时,信号系统禁止全自动运行模式列车在洗车机区域内移动。

(4)ATS根据当日列车运行计划,在首列车唤醒前一定时间(可配置),与综合监控交互信息联动相关区域CCTV图像、PA等,提示运营人员进行运营前准备,首列车唤醒前一定时间(可配置),ATS在中心/段场行调工作站进行早间上电提示。信号 ATC 网及其冗余网络实现车辆段控制室、车辆段信号设备室、维修中心、司机派班室内设备、试车线信号设备室设备的互联，并且与车站、轨旁、现场、控制中心的信号等数据进行交互。试车线信号室含 ZC、CI、DCS、道岔、信号机、ATC 接入交换机等信号设备。

(5)车辆段/停车场采用与正线一致的 ATC 信号设备，对自动控制区域进行控制。自动控制区域的列车进路采用自动控制，系统对其进行监控；非自动控制区域的列车进路采用人工控制，系统对其仅监视不控制。

(6)通信。视频监视系统功能应实现对车辆基地的视频监视功能，根据需求实现视频联动，宜在备用控制中心设置视频监视系统备用中心设备，并与主用控制中心设备互为冗余热备，宜在备用控制中心设置专用电话备用中心主系统设备及相应调度台，并与主用控制中心设备互为冗余热备，专用无线系统宜在备用控制中心设置备用中心交换设备、调度服务器及相应调度台等，并与主用控制中心设备互为冗余热备。宜在备用中心设置车地无线通信系统备用中心设备，并与主用控制中心设备互为冗余热备；宜在备用控制中心设置广播系统备用中心系统设备，并与主用控制中心设备互为冗余热备；车辆基地全自动区内广播、视频监控及火灾报警等系统宜实现联动，加强自动化区域防护；列车出入车辆段时可在行车调度通话组与车辆段调度组之间自动快速切换。

(7)供电。车辆基地牵引供电系统应匹配同时唤醒多列列车的用电需求，车辆基地内的停车列检库内应设置牵引网带电显示，正线与车辆基地之间的电分段应与信号转换轨/管理分界严格匹配；牵引网上网隔离开关宜采用开关柜形式，并设置待检测元件，为电力监控系统提供牵引网带电信息。

(8)门禁及 SPKS 人员防护开关。全自动运行线路涉及安全的重要设施的通道门、自动化区域与非自动化区域分隔门、系统和设备用房门及管理用房门应设门禁，经授权后方可进入。门禁系统应具备对车辆基地自动化区域和非自动化区域分隔门的授权管理、数据库管理、黑名单管理、设备监视与控制、相应事件记录与报警提示等功能。停车库内各防护分区的出入口处应设有门禁系统，并设置不同权限控制人员进出。

车辆基地停车列检库、洗车库区域、咽喉区自动化区域每个防护分区应设置 1 个 SPKS，车辆基地 DCC 室内应设置 SPKS 及相应表示灯，ATS 相关工作站应具有 SPKS 状态表示。室外可不设置实体 SPKS 开关；车辆基地 DCC 室内应设置 SKS 旁路开关。室外可不设置实体 SPKS 旁路开关，根据工程需要可设置 SPKS 开关状态指示灯用于指示 SPKS 防护状态。

自动化区域应设置 SPKS、门禁等设施，防护自动化区域的人工作业。每个防护分区应设置一个 SPKS，宜在通往各防护分区的出入口处设置门禁控制人员的进出,由信号系统为各防护分区建立逻辑防护保障人员人身安全。为防止 SPKS 启用后因故无法恢复,信号系统应具备 SPKS 旁路功能。工作人员进入防护分区时应激活人员防护开关,建立相应封锁区域;关闭人员防护开关前应确保所有人离开封锁区域。停车列检库根据建筑条件设置 1～2 股道三层上车平台并配置相应五防安全设备,在自动化区域提供接触网检修条件,五防设备可考虑与 SPKS 预留互锁接口。

(9)洗车机

洗车机设置在回厂线,满足入厂直接洗车需求。洗车机设备在选择端洗和无端洗任意一种清洗方式时,洗车过程应为全自动,整个洗车过程无需人为操作任何装置。洗车机应采用数字网络化视频监控系统,在洗车区域设置 6 个摄像头,设备间、控制室各设置 2 个摄像头。

(10)库门

车辆基地自动化区域库门(若有)应采用自动化库门,纳入行车信号系统监控,建立联锁防护及车库门故障旁路功能,实现车辆自动出入库。停车列检库及洗车库库门宜设置为自动车库门,并纳入信号系统监控,应具有车库门故障旁路功能,如遇故障及时采取有效措施。列车动态测试、出入库过程中,车库门应保持“打开且锁闭”状态,车门状态可由 ATS 监控,本地或远程电器按钮控制权优先于 ATS 控制。车库门系统其安全性能应满足 SIL2 等级要求。

3.5 系统设备设计

全自动运行线路需要重点关注的系统设备包括车辆、信号、通信、综合监控、站台门。

3.5.1 车　　辆

1. 总体要求

(1)通用要求或基本要求中全自动相关设计原则、功能设计等描述的准确性和全面性。

(2)全自动运行车辆车体内装变化,如司机室布置、司机室隔断设计、座椅设计等。

(3)全自动运行车辆车内紧急设备的相关配置要求,关注紧急手柄、紧急解锁、紧急呼叫等设备的配置和使用要求。

(4)全自动运行车辆车门的功能需求描述,车内外紧急解锁、对位隔离等功能描述。

(5)全自动运行车辆涉及弓网检测系统、障碍物检测系统、走行部在线检测装置及脱轨检测装置的技术要求和配置情况。

(6)全自动运行车辆牵引/制动系统的基本要求,如制动功能及接口与全自动功能的符合性。

(7)全自动运行车辆空调和通风系统的基本要求,如空调的远程控制、全自动模式设定和参数设定等关键功能。

(8)全自动运行车辆 TCMS 系统总体要求应满足全自动功能、控制功能的全面性,如列车总线选择、关键数据以及维护数据的车地传输方案。

(9)全自动运行车辆相关的运行模式灯、启动提示灯的相关配置说明。

(10)应根据全自动运行车辆运行特征,重点是蓄电池组的配置要求和在线检测要求。

(11)全自动运行车辆关于火灾等报警系统触发、信息联动等说明。

(12)全自动运行车辆与信号系统、通信系统、车载无线、综合监控等各系统的接口要求,重点是全自动运行功能相关接口变化。

(13)全自动运行车辆在满足车辆性能条件下,车辆国产化率应达到 75%以上。其中电气牵引系统应满足国产化率不低于 50%。

(14)全自动运行车辆及其各主要系统设备应采用模块化设计,应便于检修和车辆部件的更换。

2. 车辆结构

(1)全自动运行车辆应设置障碍物及脱轨检测装置,检测到障碍物或车辆脱轨时触发列车产生紧急制动停车,并为列车建立防护分区,禁止后续列车接近并联动相关站台自动设置扣车,应根据线路实际条件进行邻线防护,由 TCMS 记录并上传到控制中心,障碍物或脱轨报警确认解除后,该列车宜人工升级 FAM 继续运行。建议全自动运行车辆采用技术成熟的被动式障碍物探测装置,并对主动式障碍物探测装置进行进一步研究。

(2)全自动运行车辆宜设置走行部在线检测装置,实时检测车辆的转向架构架、轴箱、齿轮箱、电机等关键部位,对于故障进行早期预警和分级报警,准确指导车辆的运用和维修。TCMS 记录并将处置建议上传到控制中心和车辆段。

(3)全自动运行车辆客室内应配置非自复位式客室紧急手柄,当客室内发生火灾等特殊情况时,乘客可利用紧急手柄或紧急呼叫装置触发报警,TCMS 处置报警信息且上传到控制中心,同时联动视频信息上传到控制中心,工作人员可远程通过车内广播与乘客沟通。在区间运行过程中紧急手柄激活时,系统应控制列车继续运行至安全区域(宜为站台)并打开车门/站台门,在人工干预前应保持车门打开状态。出站过程中紧急手柄激活,车载 ATP 判断紧急制动停车后列车车身若与站台位置有重合(至少一节车)时,则紧急制动停车。否则,按运行至下一停车站处理。

(4)全自动运行车辆司机室结构,应采用封闭式司机台(有锁闭装置且具备防水防尘功能),司机台防护盖应被监视,状态信息上传到 TCMS 及控制中心,且打开时在控制中心进行提示,开放式司机室结构(取消或可配置易拆卸间壁门),宜具备临时司机隔离区,电气柜柜门可被监视,状态信息上传到 TCMS 及控制中心,且打开时在控制中心进行提示,司机室可配置折叠隐藏座椅,司机室侧宜配置半高结构电气柜,柜顶设有防滑条,可放置行李。应设置启动指示灯、FAO 模式指示灯,提示车辆当前状态。

(5)全自动运行车辆受流方式。若采用受电弓受流方式车辆应具备本地及远程自动升降控制功能。设置受电弓检测系统,对受电弓进行在线实时检测、故障预警,并将信息上传到 TCMS 及控制中心。受流装置应具备由控制中心远程操作功能及全列或分组操作受流装置功能。应对受电弓进行完整性监测,检测,受电弓及羊角缺损、变形等异常,并实时报警。

(6)全自动运行车辆启动指示灯。车辆宜在车外设置列车启动指示灯,启动指示灯显示含义宜按如下设置:列车停稳且有制动时指示灯常亮,发车启动前一定时间(可设定)指示灯闪烁,列车非零速后指示灯熄灭。

(7)FAO 模式指示灯,模式指示灯为亮灯状态表示列车处于 FAM/CAM,模式指示灯为熄灭状态表示列车处于非 FAM/CAM,有人驾驶模式(非 FAM/CAM)时,模式指示灯为熄灭状态。在后期设计联络阶段确定站台门状态丢失时的车辆应急处理方案,建议增加车辆实验装置、维修专用工具和备品备件的相关要求。

3. 控制系统功能

(1)蠕动模式(CAM)。当全自动运行车辆以 FAM 运行,车辆网络检测到故障、车辆网络与车载信号系统通信故障情况下的自动运行模式。由车载信号系统向控制中心申请,控制中心人工确认后启动蠕动模式。车载信号与车辆采用备用接口在信号系统的防护下直接控制车辆的牵引制动系统以规定速度运行至站台,或运行至由控制中心指定的目的地。全自动运行车辆应具备网络故障或与车载信号设备之间通信故障时降级为 CAM 的功能。

(2)远程限制人工驾驶模式(RRM)。当全自动运行车辆以 FAM/CAM 运行,列车丢失定位或位置有效但移动授权无效时,由控制中心远程授权列车缓解紧急制动以一定限速值继续向前运行一定距离的驾驶模式。

(3)全自动运行车辆根据实际线路条件(例如存在高架线路、地面线路),遇到恶劣天气时应具备雨雪模式功能。

(4)全自动运行车辆控制应采用总线网络和后备列车硬线控制相结合方式，当总线网络故障时，列车应有基本的牵引和制动功能。列车上所有涉及到安全的设备或装置均应考虑采用列车硬线控制方式，如:车门、紧急制动等。

(5)全自动运行车辆应配置自检模块、休眠唤醒单元、整车延时断电控制模块，实现列车远程及本地自动唤醒与休眠功能。

(6)全自动运行车辆应具备在 FAM/CAM 下，列车未精确对标时，列车应根据信号系统指令以跳跃方式进行对标的功能。

(7)全自动洗车过程中，全自动运行车辆根据信号系统发送的洗车工况，控制列车恒速(应依据洗车机限速等因素综合设定，宜为 3～5 km/h)运行。

(8)全自动运行车辆应具备对关键电路(车门、制动及与行车功能相关)故障进行远程复位、旁路或远程切除，TCMS 处置相关故障信息且上传到控制中心远程人工处理。

(9)全自动运行车辆故障复位控制功能包括列车故障自愈、远程人工复位和远程旁路。

(10)全自动运行车辆 TCMS 应具备记录与车载信号设备接口信息的功能，记录内容包括 ATO 输出给车辆的指令、车辆执行情况的反馈等。

(11)全自动运行车辆的空调、照明、电热系统应具备智能调节和远程控制功能，满足列车进入正线自动服务的需求。

(12)全自动运行车辆应具备清扫工况，在清扫工况时，车辆牵引断电、空调电热关闭、车辆照明打开、部分车门打开。

(13)全自动运行车辆控制及监控系统。应具备与车载设备、车地无线通信系统的接口及数据交互功能。应显示列车车组号、列车位置、计划发车时间、目的地码、上线表号、上线车次号、列车派班状态、上电自检/静态测试/动态测试结果、唤醒/休眠状态、唤醒/休眠失败原因等。应支持远程复位设备、远程旁路故障功能。应支持列车各系统自检、静态测试。宜支持动态测试，具备列车各系统运行和故障信息上传功能。

(14)全自动运行车辆的运行状态信息应包含但不限于列车牵引、制动、车门、列车网络、空调、走行部、旁路/复位/紧急制动等重要信息。

(15)全自动运行车辆应具备关键系统或关键电路的供电电源断路器自动复位及远程复位功能。可远程复位关键部件包括司机室激活断路器、空压机启动控制断路器、列车控制断路器、制动装置控制电源断路器、车门控制电源断路器、制动控制电源断路器、车门电源断路器、转向架远程隔离电源断路器、列车激活控制断路器、司机室广播供电断路器、辅助电源控制断路器、客室广播供电断路器、无线电主机电源断路器、烟火报警主机供电电源断路器、输入/输出模块电源断路器、全回路电源断路器。

(16)全自动运行车辆与信号系统车载设备的控制指令及级位信息,应实现通信接口、硬线接口冗余。

(17)全自动运行车辆应设置列车检修按钮,检修按钮激活时,车辆应输出紧急制动防止列车移动,系统应向中心汇报列车处于检修状态,不再向中心汇报车辆状态和故障信息,车载信号系统不应响应中心的命令。

(18)全自动运行车辆控制回路应增加自动唤醒模块、人工唤醒备用回路、增加唤醒继电器、列车供电接触器等模块,车辆控制电路应采用冗余设计,对关键安全电路进行可靠性分析,降低电路故障对列车运行的影响。

(19)全自动运行车辆列车管理系统应具备事件记录仪,其能够记录车辆主要控制单元和部件的各种状态信息。

4. 辅助系统功能

(1)全自动运行车辆休眠时,车辆应具备蓄电池状态由休眠唤醒单元上传到控制中心,当发生蓄电池欠压时,向控制中心报警提示。全自动运行车辆宜设置蓄电池管理功能,蓄电池容量应满足连续多天(具体时间根据工程要求设置)休眠后可正常唤醒列车,并确保列车所有设备能正常启动并投入运营。应考虑运营中紧急情况下满足 45 min 以上的用电需求。

(2)全自动运行车辆应具备接收到列车内部或外部烟火报警时,可自动或远程人工关闭空调机组新风口功能。

(3)全自动运行车辆应具备可接收信号系统指令控制鸣笛功能,车辆于车辆段/停车场/存车线内启动前自动执行鸣笛的功能。

(4)全自动运行车辆应配置火灾探测装置,具备信息上传功能,且能够远程复位。车辆发生火灾报警时,应联动相关区域的车载视频监视系统图像至调度显示终端及驾驶台,并提示进行确认及复位。

(5)全自动运行车辆宜设置智能照明系统,对客室内照明的光线亮度监控且自动调节,同时可满足手动控制、控制中心远程控制、自动控制功能,信息上传到 TCMS 及控制中心。发生灾害性事故时,全自动运行车辆应具备乘客疏导的应急照明。

(6)全自动运行车辆每节车厢均应配置足量摄像头,可以清晰查看车厢内乘客行为和设备设施状态。

5. 车门系统功能

(1)全自动运行车辆客室车门发生障碍物检测、紧急解锁等情况时,TCMS 应处置相关故障信息且上传到控制中心,并联动车载视频监视系统。应具备客室车门的单门或多门与站台门对位隔离功能，且系统联动车载视频监视图像，并对车门与站台门的故障隔离指令的执行结果进行监督，根据运营需要可配置远程区间开门功能。当车站站台门故障或被人工锁闭隔离后，列车在该站台乘降作业时，该侧站台的被隔离站台门相对应的车门保持锁闭，不参与停站的开门作业。站台门发生故障时，车辆对乘客进行提示。站台门系统点亮故障站台门对应的故障指示灯。列车进站停稳后，故障站台门对应的车门由车辆控制不打开。列车驶离站台规定距离后，列车车门恢复控制。

(2)全自动运行车辆端部逃生门手动解锁和打开时触发紧急制动，TCMS 应处置相关异常信息且上传到控制中心，通信正常时控制中心远程人工授权允许后才能打开，通信故障时逃生门紧急解锁后可以允许打开，并联动车载视频监视系统、车载 PIS 系统，向乘客广播。

(3)当列车车门故障隔离(仅对人工切除车门适用)后，该列车停站时对应的站台门能保持锁闭不参与停站的开、关门作业。车门发生故障时，车辆对乘客进行声光提示。站台门系统点亮故障车门对应站台门的故障指示灯。列车进站停稳后，车载 CC 自动打开车门，故障车门由车辆控制不打开，故障车门对应的站台门由站台门控制不打开。列车驶离站台规定距离后，站台门恢复控制。

(4)中心系统应具备监视显示列车车门状态的功能。列车在区间发生车门状态丢失时，宜继续运行至下一停车站台并精确停车。在站台停稳时，应打开车门且不再自动关闭并切除牵引。列车与站台区域有重叠时，应立即实施紧急制动，车门状态恢复前应禁止列车启动。车门状态丢失时应向中心报警并联动车载视频监控系统图像至调度显示终端。车门无法关闭时，系统应允许人工对车门进行旁路操作，并转人工驾驶。

(5)全自动运行车辆可不设置司机室侧门，或设置可取消手动开关门操作的司机室侧门。门状态应上传到 TCMS 及控制中心，且门安全回路状态应包含司机室侧门状态。

6. 制动系统功能

(1)全自动运行车辆紧急制动缓解可实现自动缓解、远程人工缓解、本地人工缓解。导致紧急制动的条件自动恢复或远程复位后，即可自动缓解；由控制中心远程将导致紧急制动的条件恢复则为远程缓解，或导致紧急制动的条件无法恢复，由控制中心远程人工旁路该条件；须乘务人员上车人工操作为本地人工缓解；通过远程控制使得触发紧急制动的条件恢复后，且无其他不可自动缓解的紧急制动原因时，相应触发紧急制动应自行缓解。

(2)全自动运行车辆应具备对空气制动系统，如停放制动等进行控制中心远程操作功能，具备转向架制动远程切除，并设置安全措施，保证全列车紧急制动满足相应的紧急制动率。全自动运行车辆在损失部分制动力的情况下，列车能够自动调整列车限速。

(3)全自动运行车辆应采用具有冗余的列车总线控制方式，TCMS具备头尾设备冗余控制功能车辆牵引/制动应快速响应，牵引力/制动力指令值(司机控制器或信号系统设备产生)的传输双通道冗余结构。全自动运行车辆不建议采用WTB列车总线，建议采用车辆级MVB、子系统级MVB两级网络。

(4)全自动运行车辆出现单车紧急/常用制动不缓解时，车辆切除牵引或施加制动停车，根据列车编组情况，宜通过人工远程切除单车制动，列车继续正常运行，维持运行完本次服务后退出运营。

(5)全自动运行车辆应具备FAM/CAM下列车设置/取消远程紧急制动的功能。远程取消紧急制动时，系统应仅缓解由远程紧急制动命令导致的紧急制动，其他原因导致的紧急制动不应缓解。远程取消紧急制动后，系统应缓解紧急制动后启动列车继续运行。

(6)全自动运行车辆宜采用带有制动夹钳单元的制动装置。根据《城市轨道交通车辆制动夹钳单元技术规范》(CZJS/T 0010—2016)，转向架基础制动装置应具有停放制动功能的制动夹钳单元，停放制动作用由弹簧力施加，通过压缩空气缓解，同时应设置手动缓解装置。制动夹钳单元处手动缓解拉力宜为150～300 N。

7. PIS功能

(1)全自动运行车辆应具备远程广播功能，在清客和关门过程中能够自动广播或远程广播。

(2)全自动运行车辆广播实时通过车载无线电台/LTE接收控制中心广播，当控制中心需实时对车辆广播时，由控制中心通过无线通信语音通道/LTE向车载PA发起广播，广播内容为人工广播或选播提前录制的信息，其中人工广播优先级高于预录制广播信息，如控制中心对列车的广播和车载紧急呼叫不能同时工作，以先发起为优先。列车广播可对全线列车进行广播，也可进行选播或组播。当远程广播相关设备故障时，控制中心报警。

(3)全自动运行车辆应在客室内设置紧急呼叫按钮，实现乘客和控制中心的双向通话功能。

8. 智能运维系统功能

全自动运行车辆宜设置智能运维系统，由列车车载在线监测模块、车地无线传输模块、地面服务器模块和地面数据分析及应用模块组成。

(1)车载在线监测模块应对列车各子系统进行在线实时监测，并产生状态数据、故障数据和维护数据，状态数据和故障数据为实时传输数据，维护数据待列车每日回库后自动进行无线下载。

(2)地面数据分析及应用模块用于将实时监测的车辆状态信息进行显示,并进行故障警报,同时提供处理建议,应具备列车维护数据的故障分析、故障诊断、故障应急处理及检修处理意见推送、故障统计、关键子系统健康状态监测评估、专家知识库、能耗管理、可靠性管理,车辆履历管理、备品备件管理、技术资料管理、检修任务管理、用户权限管理等功能。

(3)地面服务器模块用于列车数据的存储,可以由维护人员下载、查阅,数据的存储时间一般不小于 6 年,固态硬盘应能满足需求的数据量。

(4)车载设备应提供与车辆控制网络总线和维护信息以太网的接入接口,后期根据业务的需要可再扩充网络带宽,并预留功能扩展接口,以备后期功能扩展。

智能运维系统应对全自动运行车辆受电弓、走行部、车门、空调、牵引、制动、辅助等主要系统及部件的健康管理。系统经过一定时间的数据积累后,从大数据中挖掘故障特点、分析变化趋势,智能辅助车辆人员决策,需预留足够的二次开发条件。全自动运行车辆在正线或段内运行时,应将车辆状态信息实时地发送至控制中心及检修中心,以便车辆运维人员能及时跟踪监测地铁车辆设备的状态信息。地面服务器应具备千兆以太网网络的接入需求,应设置安全防护设备与既有机房网络安全隔离和互通,防止系统被恶意入侵和网络攻击,并在系统故障情况下不影响机房其他系统的正常运用。

智能运维系统应具备收集和管理全线列车的车载数据、故障数据、故障诊断知识等数据,实时接收并管理车载在线监测模块产生的特征值、性能指标偏差值、预警、报警等分析结果及各系统监测的模拟量值等功能,应支持全自动运行车辆系统健康等级评定、健康等级排序及健康等级具体信息查看等功能,具备对车辆关键系统按健康等级进行排序,并进行可视化展示功能;应支持浏览健康等级变化趋势以及健康等级对应的系统参数或性能指标取值等信息。

智能运维系统应支持导入全线列车构型数据,为维修建议方案、作业指导书等技术资料的管理提供主数据,并支持数据浏览。专家诊断系统应对车载设备备品管理,包括设备查询、设备接收、备品库存、备品销记、备品收发记录统计、备品质保期统计和部件跟踪查询等功能。智能运维系统应提供移动终端,并具备通过移动终端实现故障录入、信息查看、维修结果回填等功能。

3.5.2 信　　号

1. 总体要求

(1)全自动运行新增设备如车辆调工作站、SPKS、站台开/关门按钮、清客确认按钮等应全面、准确;全自动运行段场 ATC 功能设备配置描述全面、准确。

(2)重点关注主/备控制中心系统配置需求,主/备中心切换需求相关描述以及试车线关于全自动运行的相关要求及 FAM、CAM 相关说明。

(3)信号系统中关于全自动运行相关的功能描述;重点结合全自动运行场景文件审查休眠/唤醒、跳跃、雨雪模式、蠕动模式。

(4)全自动运行系统 RMAS 指标需求、洗车功能、车库门联锁功能需求、全自动功能接口的相关说明。

(5)信号 ATS 与综合监控系统接口方案、信号系统无线组网方案,并注意与通信系统组网方案互相复核。

2. 配置要求

(1)全自动运行系统控制中心人机界面显示的车辆信息宜与车辆 TCMS 显示屏显示信息一致。

(2)控制中心远程人工允许后才能打开(可选)。

(3)车地无线通信系统采用宽带集群系统时,车地无线通信系统可作为专用无线通信系统。宜采用 LTE-M 技术构建专用车地无线通信网络,承载列车运行控制业务、列车运行状态监测业务、列车远程控制业务等与列车运行直接相关的关键业务,其余业务也可由该网络承载。宜在备用中心设置车地无线通信系统备用中心设备,并与主用控制中心设备互为冗余热备。

(4)信号系统采用的安全系统、设备应经过安全认证,凡涉及行车安全的子系统、设备及电路应符合故障—安全的原则。

(5)工作站界面应能显示自动化区域、非自动化区域、SPKS 状态、间隙探测结果、洗车机状态、车库门状态(若有)等。

(6)主/备控制中心应具备车载换端、开关车门、允许/禁止 FAM 运行授权、部分紧急制动状态缓解、设置车辆相关指令(空调/电热参数设置、客室照明等)等远程控制功能,可具备清客远程确认、车载设备远程重启功能。

(7)信号系统应具备间隙探测装置监督及防护(若有)、车库门防护(若有)、休眠唤醒过程防护、SPKS 防护及障碍物检测防护等的安全防护功能。

(8)信号系统应与车辆配合,实现列车在预定停车窗口内的休眠和唤醒功能,并实时向中心发送。车载头尾两端设备均应支持向车辆输出休眠或唤醒指令。

(9)全自动运行系统应具备 CAM,申请进入 CAM 条件为车辆网络发生故障,车辆主动申请进入;信号与车辆通信故障,信号系统主动申请进入;信号系统非预期紧急制动(如列车在 FAM 下多次超速),信号系统主动申请进入等。

(10)信号系统应与车辆配合,实现跳跃对标功能及列车在车辆基地启动、出库、入库时自动触发车辆鸣笛、自动洗车功能。

(11)车载信号设备应配置休眠唤醒单元(或配置实现休眠和唤醒功能的其他车载设备)。

(12)站台两端进入区间方向分别设置 SPKS,每侧线路宜设置 2 个 SPKS。折返线、渡线、停车线、出入段场线应单独设置 SPKS。车辆基地停车列检库、洗车库区域、咽喉区自动化区域每个防护分区应设置 1 个 SPKS。正线车站控制室内及车辆基地 DCC 室内应设置 SPKS 及相应表示灯,ATS 相关工作站应具有 SPKS 状态表示。室外可不设置实体 SPKS 开关。正线车站控制室内及车辆基地 DCC 室内应设置 SPKS 旁路开关。室外可不设置实体 SPKS 旁路开关,根据工程需要可设置 SPKS 开关状态指示灯,用于指示 SPKS 防护状态。SPKS 开关与对应的门禁可采用接口联动。

(13)车辆段、停车场全自动区域内具有精确停车需求的地点应设置精确停车应答器,在有列车轮径校正需求的地点应设置列车位置校正应答器。停车列检库应设置休眠唤醒应答器,用于列车休眠和上电后静态定位。在其他库线及正线具备停车功能的辅助线可根据运营需求进行设置。

(14)信号系统应具备连续式通信的列车控制级别(CBTC)和联锁控制级别。全自动运行模式应仅在连续式通信的列车控制级别(CBTC)下运行,所有正线、折返线、渡线、停车线、出入段场线、试车线均应具备连续式通信列车控制级别的功能;车辆段、停车场的自动化区域应具备连续式通信的列车控制级别的功能。

(15)全自动运行系统控制中心人机界面显示的车辆信息宜与车辆 TCMS 显示屏显示信息一致。

(16)列车进站欠标不超过规定距离时,应向中心报警,并自动调整跳跃对标;当列车进站欠标超过规定距离时,应向中心报警,车辆继续运行对位停车。列车进站过标后宜自动施加紧急制动或最大常用制动,应向中心报警;当列车进站过标未超过规定距离时,系统应自动缓解制动,并自动调整跳跃对标;当列车进站过标超过规定距离时应禁止自动调整跳跃对标,转为人工处理,或由中心授权继续运行至下一停车站。系统应对跳跃次数及跳跃方向转换次数进行限制,超出规定的限制次数后应实施紧急制动,并应向中心进行报警。

(17)列车以蠕动模式运行时,车载信号系统监控列车应以不超过规定速度自动运行。列车进入蠕动模式后默认在下一停车站停车后,执行清客操作,打开车门且不关闭,待司机上车后处理。或可由中心指定目的地,列车以蠕动模式继续运行至目的地。列车以蠕动模式进站自动停车后,应施加紧急制动以防止列车移动,等待人工处理。蠕动模式下不应洗车。

(18)宜设置冗余的车辆网关设备,实现车辆信息上传控制中心,列车唤醒失败后,ATP 子系统应支持远程休眠再唤醒功能。

3. ATP 功能要求

(1)ATP 子系统应支持远程及本地唤醒功能,同时应作为主导方与车辆共同完成列车上电自检、静态测试,库内宜进行动态测试,并根据自检及测试结果判断唤醒结果,唤醒过程中自检、测试过程及结果应实时上传 ATS 子系统。

(2)ATP 子系统应对唤醒过程进行防护:发生影响列车唤醒的事件时 ATP 子系统应立即终止或暂停唤醒流程,如列车非预期移动、动态测试超速超距等;发生关键自检或测试失败时应立即终止唤醒流程并判为唤醒失败;发生非关键自检或测试失败时,宜允许继续测试直至唤醒流程结束,最终结果宜根据系统要求判定;唤醒失败时,ATP 子系统应施加紧急制动并禁止列车发车;对于双列位列检库,系统应保证动态测试时的安全,宜禁止在同一库线的两列车同时进行动态测试。

(3)ATP 子系统应支持远程及本地休眠功能,在接收到休眠指令后应进行休眠准备,同时在与 TCMS 休眠确认后向列车发送休眠指令。休眠过程及结果应实时上传 ATS 子系统。

(4)ATP 子系统应对列车休眠过程进行防护:列车休眠前,车载 ATP 子系统应对列车状态进行检查,满足条件时向列车发送休眠指令;不满足条件时,应向 ATS 子系统报警;列车休眠成功后,地面 ATP 子系统应持续监督列车休眠状态,发生影响列车安全的事件时应判为列车不具备唤醒条件并禁止列车远程唤醒,同时向 ATS 子系统报警;列车休眠成功后,车载 ATP 应持续监督列车蓄电池电压状态及检修按钮等状态;蓄电池欠压时应禁止列车远程唤醒并向 ATS 子系统报警;检修按钮激活时应禁止列车远程唤醒并向 ATS 子系统汇报列车处于检修状态。

(5)车载 ATP 设备应具备头尾冗余测速及定位功能。ATP 子系统在配置休眠唤醒应答器的区域应具备原地定位及升级功能,以提高列车故障恢复能力。车载 ATP 子系统在列车跳跃对标过程中,应对列车速度及跳跃距离进行防护。ATP 子系统应接收联锁系统发送的站台开门/关门按钮信息或 ATS 发送的远程开门/关门指令,联动车门与站台门开门、关门。车载 ATP 子系统应具备车门与站台门对位隔离功能,并对车门与站台门的对位隔离指令的执行结果进行监督及报警。ATP 子系统应根据 ATS 指令和列车实时位置对列车的工况进行管理,车工况宜包括:车辆段、停车场内运行、进入正线服务、退出正线服务、待命、清扫、洗车等。

(6)在自动洗车时应向列车发送洗车工况,列车以恒速运行进行洗车,应依据洗车机限速等因素综合设定,宜为 3～5 km/h,当洗车机发生故障时,应实施紧急制动。

(7)ATP 子系统实时监督车辆及地面相关设备的工作状态,并应根据列车位置对列车障碍物检测激活、列车紧急操作装置激活、列车火灾、车门状态丢失、车辆制动重故障、SPKS 按钮被激活、紧急停车按钮被激活、站台门状态丢失及非正常打开等影响列车运行的情况进行防护。列车障碍物检测激活时，ATP 子系统应施加紧急制动立即停车，并应根据线路设置情况设置防护区域对其他列车进行防护，联动相关站台设置扣车等指令；列车紧急操作装置激活时，ATP 子系统应允许列车运行至安全区域（宜为站台）后打开车门与站台门并保持或输出紧急制动控制列车停车（列车启动尚未离开站台时），紧急操作装置激活恢复前应禁止列车启动；列车火灾报警时，ATP 子系统应继续控制列车运行至安全区域（宜为站台）后打开车门与站台门并保持，列车火灾复位前或确认后应禁止列车启动；车门状态丢失时，ATP 子系统宜继续控制列车运行至安全区域（宜为站台）后打开车门与站台门并保持，人工干预前应禁止列车启动；故障恢复后，应向控制中心申请发车或控制列车自动发车；发生上述情况时，系统应支持人工干预的功能。

（8）ATP 子系统应具备紧急制动缓解功能，紧急制动的状态及原因应在 ATS 子系统进行显示。缓解方式包括：车载 ATP 子系统自动缓解；控制中心远程人工缓解；本地人工缓解。

（9）ATP 子系统应实时监督与其他系统的通信状态：与 ATS 子系统通信故障时，应按原 ATS 指令，在 ATP 子系统的防护下继续控制列车运行至下一站台并自动打开车门，通信故障恢复前应禁止列车自动启动；与联锁系统通信故障时，应在站台精确停车后等待人工处理；与列车 TCMS 通信故障时宜紧急制动停车，同时应向中心申请进入 CAM，中心授权后继续控制列车运行至站台精确停车并自动打开车门；应实时监督头尾两端设备的通信状态，当发生通信故障时，应向中心进行报警，当该故障影响换端时应禁止列车进入折返线换端。

（10）ATP 子系统应能接收并转发 ATS 发送的远程控制车辆指令。远程控制指令包括但不限于远程紧急制动、远程开关门指令、远程复位指令、远程火灾确认、远程旁路指令、远程停放制动、远程重启车载设备命令、远程 RM 授权命令、车辆服务相关控制指令，预设全线列车空调/电热参数、照明开关等，ATP 子系统应具备自动过分相控制功能，向车辆提供过分相控制使能及指令。

（11）ATP 子系统应具备自检、自诊断等维护管理功能，并将相关的设备状态、诊断信息发送至维护系统和 ATS 子系统。ATP 子系统应根据 SPKS 状态设置对应的防护分区，已进入安全防护分区的 CBTC 及以上级别列车紧急制动停车并禁止列车启动，如列车停车后已完全出清该防护区域，应继续运行；防护分区外列车的移动授权不允许进入防护分区内，满足常用制动时应按常用制动停车，否则应施加紧急制动停车，停车后如已部分进入或完全进入该防护区域，则应禁止列车启动。ATP 子系统应具备停车列检库、洗车库及车库门的安全防护功能。

（12）车载休眠唤醒单元应与车辆配合，实现列车的休眠唤醒功能。车载休眠唤醒单元头尾两端设备均可支持向车辆输出休眠或唤醒指令。车载显示器显示内容包括但不限于全自动运行模式/蠕动运行模式、休眠唤醒区域、雨雪模式、车辆火灾、紧急停车手柄激活状态等。

4. ATO 功能要求

(1)ATO 子系统唤醒时除完成自检外，还应配合 ATP 子系统进行静态测试和动态测试。

(2)休眠时，除车载休眠唤醒单元及车地通信设备外的设备均应断电，车载休眠唤醒单元实时向 ATS 汇报列车休眠状态，并接收 ATS 的唤醒指令。

(3)ATO 子系统应具备跳跃对标功能，在发生欠标或过标时，可按一定时序向列车输出牵引、制动等指令并控制车辆低速精确对标，或由 ATO 向列车发送跳跃指令及方向指令由车辆自行控制低速精确对标。

(4)ATO 子系统应与车辆配合，按照洗车流程在相应位置精确停车。

(5)ATO 子系统应接收 ATS 子系统的雨雪模式指令，减小向列车输出的牵引、制动力指令。

(6)ATO 子系统应具备列车在车辆段、停车场内启动、出入库、出入车辆段、停车场时自动触发车辆鸣笛功能。

(7)ATO 子系统在站台清客期间，应保持车门与站台门打开状态；接收到站台关门信息或 ATS 发送的远程关门指令时应联动车门与站台门关闭。

(8)ATO 子系统应根据线路情况，在确保不超速的前提下，以非牵引方式控制列车通过分相区。

(9)ATO 子系统与车辆 TCMS 接口应具备记录功能，记录内容包括 ATO 输出给车辆的指令、车辆执行情况的反馈等。

5. ATS 功能要求

(1)ATS 子系统应具备制定派班计划及备用车计划的功能。应按照派班计划向车库门发送打开指令，并向列车自动发送唤醒指令。ATS 子系统应在唤醒派班计划列车的同时唤醒备用计划列车。

(2)当派班计划列车发生故障时，ATS 子系统应自动选取备用车顶替故障列车上线运行。ATS 子系统应根据派班计划进行出库提示，为列车分配出库头码，并自动触发出库进路。当列车到达转换轨时，ATS 子系统自动为列车分配正线车次号，并自动向列车发送“进入正线服务”工况。ATS 子系统应具备在列车运行的折返站或终点站对计划车或头码车自动设置清客的功能。

(3)计划列车由正线进入转换轨时，ATS 子系统应自动清除列车车次号，向列车发送“退出正线服务”工况。同时发出车库门开门指令，触发回库进路。列车进入库内无出库计划时，行调工作站应提示关闭车库门；车库门因故未能打开/关闭时，应在行调工作站上给出故障提示信息。

(4)列车回库后,ATS 子系统应自动设置列车清扫时间;清扫时间结束后,应给出自动休眠确认提示,可对列车进行休眠确认、休眠取消及延时休眠等操作。

(5)ATS 子系统应支持设置列车洗车计划,并应按计划在行调工作站上给出洗车提示,人工确认后,发送洗车库库门打开指令,为列车分配头码并触发进路。洗车完成后,为列车触发回库进路并提示关闭车库门。

(6)ATS 子系统应对区间列车数量进行监督,单一区间列车数量超过限制数量后,触发相应站台设置扣车操作。

(7)列车发生火灾报警时,ATS 子系统应给出车辆火灾确认提示。控制中心人工确认列车火灾后,ATS 子系统根据列车位置,联动相关站台设置扣车、跳停等。

(8)ATS 子系统应接收列车进入 CAM 的申请,并进行提示。控制中心人工确认后,列车进入 CAM。ATS 子系统应接收列车障碍物检测信息,并应联动相关站台设置扣车。ATS 子系统应接收列车空转打滑信息,并具备提示及设置雨雪模式的功能。应具备对全线列车设置雨雪模式的功能。在雨雪模式下,ATS 子系统应持续接收列车空转打滑信息,并具备提示退出全自动运行的功能。取消雨雪模式应采用二次确认方式。

(9)ATS 子系统应具备或通过综合监控系统与站台门冗余通信接口,实现车门与站台门对位隔离信息传输功能。

(10)行车监视功能应包括站场显示信息:SPKS 开关状态(含旁路状态)、洗车机准备就绪状态、站台清客状态、车库门状态、雨雪模式等;车次窗显示信息应包括列车工况信息、全自动运行授权状态、FAM/CAM、允许唤醒状态、紧急制动状态、紧急呼叫状态、紧急操作装置状态、校轮失败状态、列车司机台盖板状态、跳跃状态、车辆火灾状态等。

(11)行车控制功能应包括人工设置或取消站台清客操作功能、人工设置或取消指定列车在站台清客功能、中心远程确认发车功能、车站发生火灾报警时,ATS 子系统自动给出提示,控制中心人工确认后,ATS 自动联动相关站台设置扣车、跳停,自动向区间内运行列车发送火灾应急指令;人工设置、取消全线或指定列车的全自动运行授权的功能;人工远程打开或关闭车库门的功能。

(12)车辆监视信息应包括列车唤醒/休眠状态显示:列车车组号、列车位置、计划发车时间、目的地码、上线表号、上线车次号、列车派班状态、上电自检/静态测试/动态测试结果、唤醒/休眠状态、唤醒/休眠失败原因等;列车运行状态信息显示:列车牵引、制动、车门、列车网络、空调、走行部、旁路/复位/紧急制动等重要信息;复示信号车载 MMI 信息。

(13)车载显示器显示内容包括但不限于全自动运行模式/蠕动运行模式、休眠唤醒区域、雨雪模式、车辆火灾、紧急停车手柄激活状态等；车辆控制功能应包括远程人工唤醒/休眠列车的功能、远程人工开/关列车客室照明的功能、远程人工施加/缓解列车停放制动的功能、远程人工控制列车受流器/受电弓升降的功能、远程人工开/关列车门与站台门的功能、远程人工重启车载信号设备功能、远程 RM 列车授权功能、远程人工旁路列车故障的功能、远程人工复位列车设备的功能、远程人工复位/确认列车火灾报警的功能、远程人工设置列车空调或者电热参数的功能等。

6. 联锁功能要求

联锁系统应通过继电接口采集 SPKS 状态。SPKS 激活时建立防护分区，应立即关闭对应区域的信号机，同时向 ATP 子系统发送区段禁止信息。SPKS 恢复后，因该条件关闭的信号机宜自动开放。

联锁系统应通过继电接口采集站台开门/关门按钮状态，并转发至 ATP 子系统；采集清客确认按钮状态，并转发至 ATS 子系统；联锁系统可通过继电接口与洗车机进行交互，配合 ATP 子系统实现全自动洗车；通过继电接口与车库门进行交互，接收 ATS 开/关车库门指令并联动车库门，采集车库门状态并转发至 ATP 子系统(如有)。

联锁系统应接收来自 ATP 子系统的停稳、停车保证等信息。CBTC 及后备控制级进路应增加检查条件：SPKS 条件、车库门状态。在站台轨区段、折返轨区段、停车线或联络线的转换轨处联锁应具备列车停稳控制功能，停稳信息用于保护区段的解锁。联锁系统无法接收 CBTC 级别列车 ATP 发送的允许保护区段解锁指令时，应与地面 ATP 交互，确保在 ATP 回撤移动授权后再解锁保护区段。

联锁系统监视和记录设备状态应增加 SPKS 状态(含旁路开关)、站台开门/关门按钮、清客确认按钮、洗车机状态、车库门状态。

7. 联动功能要求

(1)信号系统应与其他系统联动，自动实现列车自动唤醒/休眠、库内发车、车辆基地内运行、站台停站、站台发车、对位调整、站台清客、自动折返、回库、自动洗车、自动调车作业、清扫等正常作业，以及乘客紧急呼叫、紧急操作装置动作、SPKS 防护、车辆火灾、站台火灾、障碍物检测(若有)、车门/站台门对位隔离、雨雪模式、蠕动模式等异常事件处理，实现列车全自动运行。

(2)全自动运行系统应具备联动功能：早间上电前，系统应联动停车列检库内 PA 及 CCTV 图像，同时联动调度工作站进行上电提示及确认，并实现远程对接触轨或接触网送电功能；中心设置清客后，系统应联动 PA 及 PIS、车辆广播及 PIS 提示清客，并控制列车在清客站台保持车门打开；控制中心或站台确认清客完成后，系统联动关闭车门与站台门后自动发车；车门与站台门防夹功能触发后，全自动运行系统应具备联动车载视频监视系统的功能，并禁止列车发车；列车在区间运行发生不可缓解的紧急制动时，系统应将紧急制动原因汇报至控制中心，并应联动车载视频监视系统，中心调度可人工远程对乘客进行广播；列车紧急操作装置激活后，系统应联动车载视频监视系统，同时控制列车继续运行至安全区域（宜为站台）后打开车门/站台门并保持；列车紧急对讲激活后，系统应联动控制中心与乘客进行通话，同时联动车载视频监视系统，紧急对讲内容应被录音；控制中心设置远程紧急制动后，应控制列车施加紧急制动停车，同时联动车辆广播及 PIS；列车车门故障时，系统应向控制中心报警，并联动车载视频监视系统；站台门故障时，系统应向控制中心报警，并联动地面 CCTV 图像；列车发生火灾报警时，系统应联动车载视频监视系统，并提示控制中心人工进行火灾确认或火灾报警装置复位。控制中心人工确认火灾后，应联动车辆广播及 PIS；车站发生火灾报警时，系统应联动火灾区域地面 CCTV 图像。控制中心人工确认火灾后，应联动设置站台扣车、跳停，联动地面 PIS 及广播等；列车障碍物检测激活后应触发列车紧急制动停车，同时联动车载视频监视系统及广播；站台门关闭锁好后，车门与站台门间隙探测设备探测到障碍物时，应推送站台 CCTV 图像；列车休眠时，系统应进行接触网或三轨断电提示及确认，并实现远程断电功能；系统联动时相关报警、CCTV 图像等可根据运营需求推送至车站相关终端。

（3）全自动运行系统应在列车客室内设置紧急呼叫按钮，实现乘客和中心的双向通话功能；系统应支持多个乘客同时呼叫，并显示全部呼叫。调度可选择接听任意一个呼叫，保留其余未被接听的呼叫请求；对讲按钮触发时系统应进行报警提示，并联动相关车载视频监视系统图像至调度显示终端。

（4）紧急操作装置激活后，系统应联动车载视频监视系统图像、广播；列车在区间运行过程中紧急操作装置激活时，系统应控制列车继续运行至安全区域（宜为站台）并打开车门/站台门，在人工干预前应保持车门打开状态；在停站过程中车门未关闭前，如紧急操作装置激活，系统应保持车门/站台门打开状态；车门/站台门关闭后，如列车未启动，系统应切除牵引，并打开车门/站台门；列车出站过程中紧急操作装置激活，车载 ATP 判断紧急制动停车后列车车身若与站台位置有重合（至少一节车）时，则紧急制动停车；否则，按运行至下一停车站处理。

（5）全自动运行系统应监控车辆火灾状态，包括车辆火灾的报警提示、车辆火灾的报警确认和复位；列车在区间运行时发生火灾报警，系统应控制列车运行至下一停车站台对标停车后打开车门/站台门，在人为干预前应保持打开状态，列车在长大区间运行且具备疏散通道时，可实现在区间疏散通道的停车点实现远程开门功能，宜就近停车疏散乘客；列车在停站期间发生火灾报警，保持车门/站台门打开状态；如车门/站台门已关闭且列车未启动时，系统应切除牵引并打开车门/站台门;发生车辆火灾报警时,应联动相关区域的车载视频监视系统图像至调度显示终端及驾驶台,并提示进行确认及复位;火灾报警确认后,系统应联动相关站台提示设置扣车、跳停等命令,同时触发车载及站台 PIS、PA。系统应支持并响应人工对站台联动设置扣车、跳停等命令的调整;火灾复位后,系统应继续控制列车关闭车门/站台门,待发车条件满足后发车;列车在车辆段、停车场内发生火灾时,系统应立即实施制动停车,等待救援。

(6)全自动运行系统应监控车站火灾状态,包括车站火灾的报警提示、车站火灾的报警确认和复位;发生车站火灾报警时,应联动相关区域的 CCTV 图像至调度显示终端,并提示进行确认及复位;火灾报警确认后,系统应联动相关站台设置扣车、跳停、立即发车等命令,同时触发车载及站台 PIS、PA。系统应支持并响应人工对站台联动设置扣车、跳停、立即发车等命令的调整;车站火灾报警确认后,车站 PA 应强制转入消防应急广播状态并保持 AFC 闸机打开。

(7)全自动运行系统应具备区间火灾的报警提示、报警确认和复位功能;区间火灾报警时,应联动相关区域的 CCTV 图像至调度显示终端;区间火灾报警确认后,系统应联动相关站台提示设置扣车、列车紧急制动等命令,同时触发车载及站台 PIS、PA。系统应支持并响应人工对站台联动设置扣车、列车停车等命令的调整。

(8)中心系统应具备监视显示列车车门状态的功能;列车在区间发生车门状态丢失时,宜继续运行至下一停车站台并精确停车。在站台停稳时,应打开车门且不再自动关闭并切除牵引;列车出站过程中与站台区域有重叠时,应立即实施紧急制动,车门状态恢复前应禁止列车启动;车门状态丢失时应向中心报警并联动车载视频监控系统图像至调度显示终端;车门无法关闭时,系统应允许人工对车门进行旁路操作,并转人工驾驶。

(9)全自动运行系统应具备监督站台门状态的功能;站台门状态丢失时,系统应禁止列车进入或离开站台,如列车已进入或正在驶离站台应立即施加紧急制动。站台门状态恢复后,处于关闭且锁闭状态时,可继续控制列车启动。

(10)车门发生故障或隔离时,应在调度终端、车上及站台进行提示;车门故障或隔离后,列车进站后对应的站台门应不参与开关门动作;列车驶离站台规定距离后,站台门恢复控制。

(11)站台门发生故障或隔离时,应在调度终端、车上及站台上进行提示;站台门故障或隔离后,列车进站后对应的车门应不参与开关门动作;列车驶离站台规定距离后,列车车门恢复控制。

(12)端部逃生门异常处理。车辆处置相关异常信息且上传到控制中心;列车在区间运行时,端部逃生门紧急装置触发,则控制列车运行至下一站停车,打开车门不关闭;若已停车,则立即触发紧急制动,保持停车。

3.5.3 通　　信

1. 总体要求

重点关注通信系统中视频监视、广播、乘客信息等子系统关于全自动运行相关的功能描述；重点关注接口部分针对全自动功能接口的相关说明；重点关注通信各子系统针对全自动运行的设备配置情况。

2. 配置要求

(1)车地无线通信系统应符合下列规定：

车地无线通信系统采用宽带集群系统时，车地无线通信系统可作为专用无线通信系统。宜采用 LTE-M 技术构建专用车地无线通信网络，承载列车运行控制业务、列车运行状态监测业务、列车远程控制业务等与列车运行直接相关的关键业务，其余业务也可由该网络承载。宜在备用中心设置车地无线通信系统备用中心设备，并与主用控制中心设备互为冗余热备。

(2)专用无线通信系统应符合下列规定：

在控制中心设置乘客服务调度台、车辆监控调度台。增强车载台与列车广播系统接口功能，实现中心对列车广播、特定手持台对列车广播功能。增强车载台与列车广播系统接口功能，在乘客操作紧急对讲后，可实现列车乘客与控制中心乘客服务调度台通话联系。专用无线系统宜在备用控制中心设置备用中心交换设备、调度服务器及相应调度台等，并与主用控制中心设备互为冗余热备。

3. 功能要求

(1)视频监视系统

在主备控制中心增加乘客服务控制终端及监视器，增加车辆调度控制终端及监视器。可结合周界防护在高架线路区间每隔一定距离设置摄像机，用于中心、车站监视线路情况，对每个摄像机设置视频分析功能，报警时可自动弹出画面，并可将信息送至行车综合自动化(或其他)系统进行驾驶条件的综合判断。列车视频监视系统宜在所有司机室和客室均应设置高清数字摄像机(含高清编码)。宜在备用中心设置视频监视系统备用中心设备，并与主用控制中心设备互为冗余热备。

应实现对车站、车辆基地的视频监视功能，根据需求实现视频联动，如站台门防夹、间隙探测到异物、拨打求助电话。应实现中心调度远程对列车司机室、客室、车门和列车前后方视频监视功能，根据需求实现列车视频联动，如障碍物脱轨检测异常、客室紧急呼叫、紧急手柄、列车火灾、门解锁探测装置。

(2)广播系统

可设置车辆检修广播控制盒、乘客服务调度广播控制盒。宜在备用控制中心设置广播系统备用中心系统设备，并与主用控制中心设备互为冗余热备。

应实现控制中心对车辆内的广播，用于异常或紧急情况下中心对乘客进行远程指导。广播系统设置声音采集、故障检测记录功能。实现信号系统触发门对位隔离的提示信息，轨道车经过站台、清客的相应广播。

(3)专用无线通信系统

应实现乘客服务无线调度功能及车辆监控无线调度功能。应为列车上的乘客与控制中心的紧急对讲提供语音通道。

(4)列车通信设备自检

列车通信设备包括列车广播、车载无线、列车视频监视以及显示器等设备，在车辆唤醒模式下进行加电自检并发送自检状态，在车辆休眠模式下进行休眠自检并发送自检状态给车辆 TCMS 系统。

(5)专用电话系统

在控制中心增加乘客服务调度台、车辆监控调度台，并在车站控制室增加调度分机。宜在备用控制中心设置专用电话备用中心主系统设备及相应调度台，并与主用控制中心设备互为冗余热备。

(6)无线通信系统

中心无线调度台应能实现对任意列车进行广播的功能。乘客通过对讲系统与中心无线调度台应能实现双向对讲功能。无线通信系统车载设备应能向车辆 TCMS 提供设备自检结果及状态信息。

(7)CCTV 系统

①CCTV 系统应具备通过地面 PIS 系统接收车载视频监视系统图像推送的功能，CCTV 系统应可与其他系统(如 PIS 系统、综合监控系统)进行接口联动，具备图像推送至指定监视器的功能；

②CCTV 系统应能通过 PIS 系统接收信号、车辆、综合监控提供的联动信息，实现当车辆火灾、列车紧急操作激活、障碍物检测激活、列车紧急呼叫激活、车门紧急解锁、车门与站台门防夹保护、车门状态丢失、司机台盖板打开、客室电气柜柜门打开等情况发生时，显示指定的车载视频监视系统图像。

(8)PIS 系统

PIS 系统应具备紧急情况下的联动信息显示功能，应可与其他系统(如 CCTV 系统、ISCS 系统)进行接口联动，显示相应的紧急信息；应能通过接收信号、车辆、综合监控提供的联动信息，实现以下联动功能：

①清客、跳停、扣车时，应在 PIS 系统显示清客、跳停、扣车信息；

②车辆火灾报警确认后，PIS 系统人工或自动联动显示火灾报警信息。

(9)PA 系统

PA 系统应能接收 ISCS 系统提供的信息，实现以下联动功能：

①当站台门出现故障时，应播放预录制广播进行提示；

②当停车列检库早间上电时，应播放预录制广播进行提示。

4. 联动功能要求

(1)全自动运行系统应具备联动功能：

①早间上电前，系统应联动停车列检库内PA及CCTV图像，同时联动调度工作站进行上电提示及确认，并实现远程对接触轨或接触网送电功能。

②中心设置清客后，系统应联动PA及PIS、车辆广播及PIS提示清客，并控制列车在清客站台保持车门打开；控制中心或站台确认清客完成后，系统联动关闭车门与站台门后自动发车。

③车门与站台门防夹功能触发后，全自动运行系统应具备联动车载视频监视系统的功能，并禁止列车发车。

④列车在区间运行发生不可缓解的紧急制动时，系统应将紧急制动原因汇报至控制中心，并应联动车载视频监视系统，中心调度可人工远程对乘客进行广播。

⑤列车紧急操作装置激活后，系统应联动车载视频监视系统，同时控制列车继续运行至安全区域(宜为站台)后打开车门/站台门并保持。

⑥列车紧急对讲激活后，系统应联动控制中心与乘客进行通话，同时联动车载视频监视系统，紧急对讲内容应被录音。

⑦控制中心设置远程紧急制动后，应控制列车施加紧急制动停车，同时联动车辆广播及PIS。

⑧列车车门故障时，系统应向控制中心报警，并联动车载视频监视系统。

⑨站台门故障时，系统应向控制中心报警，并联动地面CCTV图像。

⑩列车发生火灾报警时，系统应联动车载视频监视系统，并提示控制中心人工进行火灾确认或火灾报警装置复位。控制中心人工确认火灾后，应联动车辆广播及PIS。

⑪车站发生火灾报警时，系统应联动火灾区域地面CCTV图像。控制中心人工确认火灾后，应联动设置站台扣车、跳停，联动地面PIS及广播等。

⑫列车障碍物检测激活后应触发列车紧急制动停车，同时联动车载视频监视系统及广播。

⑬站台门关闭锁好后，车门与站台门间隙探测设备探测到障碍物时，应推送站台CCTV图像。

⑭系统联动时相关报警、CCTV图像等可根据运营需求推送至车站相关终端。

(2)紧急对讲按钮触发时系统应进行报警提示，并联动相关车载视频监视系统图像至调度显示终端。

(3)紧急操作装置激活后,系统应联动车载视频监视系统图像、广播。

(4)车辆火灾监控及系统联动处理如下:

①全自动运行系统应监控车辆火灾状态,包括车辆火灾的报警提示、报警确认和复位。

②列车在区间运行时发生火灾报警,系统应控制列车运行至下一停车站台对标停车后打开车门/站台门,在人为干预前应保持打开状态,列车在长大区间运行且具备疏散通道时,可在区间疏散通道的停车点实现远程开门功能,宜就近停车疏散乘客。

③列车在停站期间发生火灾报警,保持车门/站台门打开状态;如车门/站台门已关闭且列车未启动时,系统应切除牵引并打开车门/站台门。

④发生车辆火灾报警时,应联动相关区域的车载视频监视系统图像至调度显示终端及驾驶台,并提示进行确认及复位。

⑤火灾报警确认后,系统应联动相关站台提示设置扣车、跳停等命令,同时触发车载及站台 PIS、PA。系统应支持并响应人工对站台联动设置扣车、跳停等命令的调整。

⑥火灾复位后,系统应继续控制列车关闭车门/站台门,待发车条件满足后发车。

⑦列车在车辆段、停车场内发生火灾时,系统应立即实施制动停车,等待救援。

(5)车站火灾监控及系统联动处理如下:

①全自动运行系统应监控车站火灾状态,包括车站火灾的报警提示、报警确认和复位。

②发生车站火灾报警时,应联动相关区域的 CCTV 图像至调度显示终端,并提示进行确认及复位。

③火灾报警确认后,系统应联动相关站台设置扣车、跳停、立即发车等命令,同时触发车载及站台 PIS、PA。系统应支持并响应人工对站台联动设置扣车、跳停、立即发车等命令的调整。

④车站火灾报警确认后,车站 PA 应强制转入消防应急广播状态并保持 AFC 闸机打开。

(6)区间火灾监控及系统联动处理如下:

①全自动运行系统应具备区间火灾的报警提示、报警确认和复位功能。

②区间火灾报警时,应联动相关区域的 CCTV 图像至调度显示终端。

③区间火灾报警确认后,系统应联动相关站台提示设置扣车、列车紧急制动等命令,同时触发车载及站台 PIS、PA。系统应支持并响应人工对站台联动设置扣车、列车停车等命令的调整。

(7)车辆段/停车场值班员可通过视频监控系统对段场内出入段线、平交道口及轨行区、停车列检库内外、洗车库等进行检查。

3.5.4 综合监控

1. 基本功能要求

(1)综合监控系统应具备乘客服务功能,实现对全自动运行中的无线通信系统、车载广播系统、车载视频监控系统、车载乘客信息系统和乘客紧急对讲的乘客服务监视和控制,并实现其监控范围内基于全自动运行的各种联动控制功能。

(2)若综合监控系统与信号系统深度集成,应具备信号系统列车自动监控系统(ATS)功能,实现对车辆运行状态的监视和远程控制功能,实现行车指挥和运营调度。

(3)采用行车综合自动化系统时,应实现全自动运行所需的早间上电、唤醒、列车火灾、紧急呼叫、紧急手柄拉下、车门状态丢失、休眠、清客等所需的信号、车辆、供电、机电、通信等系统的联动控制功能。

(4)综合监控设备维护管理系统宜实现对供电、机电、信号、车辆等的综合维修支持功能。

(5)综合监控系统应具备乘客服务监视功能,具体包括:

①显示全线站场信息。

②显示列车信息及故障信息。

③显示在线列车的广播设备状态,包括通信状态、占用状态、乘客呼叫、司机呼叫等。

④显示在线列车的广播区。

(6)综合监控系统应具备乘客服务控制功能,具体包括:

①具备对单列或多列列车进行远程人工广播功能。

②对单列或多列列车播放预录广播功能。

③对单列或多列列车应答乘客紧急呼叫功能。

④对在线列车乘客信息系统发布信息的功能。

⑤清除已发列车乘客信息内容的功能。

(7)遥控指令在综合监控系统中的传送时间应小于 2 s。

(8)设备状态变化信息在综合监控系统中的传送时间应小于 2 s。

(9)综合监控系统应支持从无线通信系统中采集无线系统设备的运行状态、向无线通信系统下发列车人工广播和预录制广播控制指令、从无线通信系统中接受乘客对讲的控制指令、从无线通信系统中接收车辆广播占用状态信息、向无线通信系统发送列车信息、接收车载视频监视系统发送的车载摄像机状态信息、向车载视频监视系统发送手动选择车载摄像头的指令、接收车载视频监视系统发送的图像推送指令、向车载视频监视系统发送列车信息、采集无线系统设备运行状态、列车人工广播和预录制广播控制指令的下发。

(10)综合监控系统应能接收乘客紧急对讲的控制指令、车载广播占用状态信息。

(11)综合监控系统应具备设置摄像机相关预置位功能(预置位功能包括:到预置位、新建、修改、删除预置位)。

(12)综合监控系统应具备 CCTV 时序控制功能,通过设置选定的摄像机,进行循环播放。

(13)综合监控系统允许新建、删除、编辑、保存可编辑时序的内容,可编辑时序的内容包括每步播放的摄像机 ID 及其播放时间。

(14)综合监控系统应具备 CCTV 视频切换到大屏功能,根据综合监控系统的控制指令,CCTV 系统将相应的视频流投到大屏上显示。

(15)综合监控系统应支持实现对选定的广播区进行预录制广播及音频播放功能(线路广播)。

(16)综合监控系统应支持实现定时广播功能、对选定的广播区实现广播监听功能;列车进站、到站、离站时应自动触发车辆广播;列车到站时,应自动触发站台广播。

2. 联动功能要求

(1)与站台门系统接口功能:ISCS 可支持与站台门系统交互车门、站台门对位隔离信息。

(2)与 PA 系统接口:综合监控系统可接受 ATS 联动指令,并应支持联动 PA 系统对早间上电、清客、站台门故障等进行广播。

(3)综合监控系统宜与信号系统 ATS 子系统深度集成,实现设备、功能、界面融合统一。

(4)综合监控系统宜与信号系统实现与 PIS、PA、CCTV 的联动功能,也可由 ATS 子系统与 PIS、PA、CCTV 系统直接连接,实现联动功能。

(5)综合监控系统的车站 IBP 盘与信号系统应采用硬线接口,实现车站应急信号操控功能。

(6)综合监控系统应支持向 PIS 子系统发送地面 PIS 和列车 PIS 正常或紧急信息的功能。

(7)综合监控系统应支持向 PIS 子系统发送撤销 PIS 信息的指令。

(8)综合监控系统应支持对 PIS 信息发布的人工审核和权限控制功能。

(9)综合监控系统向 PIS 子系统发送列车正常或紧急信息,撤销列车 PIS 信息。

(10)综合监控系统可接受ATS联动指令,并应支持向PIS系统发送清客、火灾、临时停车等信息。

(11)综合监控系统应具备CCTV设备(含车载CCTV设备)状态实时监视调看功能、CCTV摄像机视频预览功能,可支持单路、四路或九路同时预览,也可支持单路全屏预览。

(12)站台门系统通过网络接口向综合监控系统发送站台门状态信息。

(13)综合监控系统通过网络接口向站台门系统发送信息、接收确认信息、车门隔离信息。

(14)站台门系统接收综合监控系统车站IBP盘与站台门有关的操作指令,宜包括上下行站台门的再开门/再关门命令(如有),PSL允许和禁止命令。

(15)综合监控系统应能向车载CCTV发送手动选择车载摄像头的命令,接收车载CCTV发送的车载摄像机信息。

(16)综合监控系统向CCTV子系统发送摄像机手动选择命令、列车位置信息。

(17)综合监控系统应支持实现广播区状态实时监视功能(包括广播区空闲、占用、故障等)。

(18)综合监控系统应支持通过地面PA子系统对选定的广播区进行人工广播功能。

(19)综合监控系统在每个车站和站台门系统进行接口,实现对站台门系统的界面集成。

(20)综合监控系统的车站IBP盘与站台门系统实现硬线接口,实现车站站台门远程应急操控功能。

(21)综合监控系统应能接收车辆、信号系统、通信系统等的联动指令,联动相应CCTV图像、PIS及广播;同时应能接收车辆、通信系统等推送的CCTV图像。

(22)综合监控系统可通过和车站站台门的网络接口实现车门和站台门对位隔离功能。

(23)支持维护功能如下:

①在保证安全性和可靠性要求的前提下,系统宜具备软件远程集中下载和升级功能。

②软件下载内容应包含软件和数据,软件下载应具备网络化、自动化等特点。

(24)系统实施扣车操作时宜联动打开列车车门和站台门,并触发站台广播和显示屏。扣车命令取消后,列车应自动关闭车门和站台门,待发车条件满足后发车。

(25)系统应按列车运行计划自动设置站台和列车清客,或根据运营需求人工设置临时清客。系统可联动车辆及站台广播、PIS。

(26)全自动运行系统应具备车辆障碍物检测功能,宜实现脱轨检测。同时应在调度终端进行报警并联动区间及车前CCTV图像至调度显示终端。

(27)紧急呼叫处理如下:

①全自动运行系统应在列车客室内设置紧急呼叫按钮,实现乘客和中心的双向通话功能。

②系统应支持多个乘客同时呼叫,并显示全部呼叫。调度可选择接听任意一个呼叫,保留其余未被接听的呼叫请求。

③对讲按钮触发时系统应进行报警提示,并联动相关车载视频监视系统图像至调度显示终端。

(28)车站火灾监控及系统联动处理如下:

①全自动运行系统应监控车站火灾状态;包括车站火灾的报警提示、车站火灾的报警确认和复位。

②发生车站火灾报警时,应联动相关区域的CCTV图像至调度显示终端,并提示进行确认及复位。

③火灾报警确认后,系统应联动相关站台设置扣车、跳停、立即发车等命令,同时触发车载及站台PIS、PA。系统应支持并响应人工对站台联动设置扣车、跳停、立即发车等命令的调整。

④车站火灾报警确认后,车站PA应强制转入消防应急广播状态并保持AFC闸机打开。

(29)区间火灾监控及系统联动处理如下:

①全自动运行系统应具备区间火灾的报警提示、报警确认和复位功能。

②区间火灾报警时,应联动相关区域的CCTV图像至调度显示终端。

③区间火灾报警确认后,系统应联动相关站台提示设置扣车、列车紧急制动等命令,同时触发车载及站台PIS、PA。系统应支持并响应人工对站台联动设置扣车、列车停车等命令的调整。

(30)系统应具备远程引导乘客进行区间疏散的功能。

(31)早间上电要求如下:

①早间上电可采用人工确认或自动上电的方式。

②系统应根据计划对自动化区域牵引供电系统进行上电准备提示。

③系统在上电准备提示前,应将自动化区域的CCTV图像推送到调度显示终端进行辅助确认,并自动触发车辆段、停车场内预录制广播。

④具备条件后经行调确认,系统应联动电调对车辆段、停车场及正线上电。

⑤列车出库时宜自动鸣笛。

⑥系统应具备根据设定自动进入正线工况的功能。

⑦采用三轨供电时，系统宜远程断开车辆母线高速断路器。

(32)跳停功能如下：

①设置跳停后，系统应实现列车运行至跳停站台不停车通过。

②系统触发车站跳停广播和显示屏显示。

(33)清扫工况如下：

①全自动运行系统具备远程自动/人工设置清扫时间功能。

②列车回库停稳后车载信号系统应向车辆发送清扫工况。

③清扫结束前系统应自动触发广播，提醒清扫人员下车。

(34)全自动运行系统应具备联动功能：

①早间上电前，系统应联动停车列检库内 PA 及 CCTV 图像，同时联动调度工作站进行上电提示及确认，并实现远程对接触轨或接触网送电功能。

②中心设置清客后，系统应联动 PA 及 PIS、车辆广播及 PIS 提示清客，并控制列车在清客站台保持车门打开；控制中心或站台确认清客完成后，系统联动关闭车门与站台门后自动发车。

③车门与站台门防夹功能触发后，全自动运行系统应具备联动车载视频监视系统的功能，并禁止列车发车。

④列车在区间运行发生不可缓解的紧急制动时，系统应将紧急制动原因汇报至控制中心，并应联动车载视频监视系统，中心调度可人工远程对乘客进行广播。

⑤列车紧急操作装置激活后，系统应联动车载视频监视系统，同时控制列车继续运行至安全区域(宜为站台)后打开车门/站台门并保持。

⑥列车紧急对讲激活后，系统应联动控制中心与乘客进行通话，同时联动车载视频监视系统，紧急对讲内容应被录音。

⑦控制中心设置远程紧急制动后，应控制列车施加紧急制动停车，同时联动车辆广播及 PIS。

⑧列车车门故障时，系统应向控制中心报警，并联动车载视频监视系统。

⑨站台门故障时，系统应向控制中心报警，并联动地面 CCTV 图像。

⑩列车发生火灾报警时，系统应联动车载视频监视系统，并提示控制中心人工进行火灾确认或火灾报警装置复位。控制中心人工确认火灾后，应联动车辆广播及 PIS。

⑪车站发生火灾报警时，系统应联动火灾区域地面 CCTV 图像。控制中心人工确认火灾后，应联动设置站台扣车、跳停，联动地面 PIS 及广播等。

⑫列车障碍物检测激活后应触发列车紧急制动停车，同时联动车载视频监视系统及广播。

⑬站台门关闭锁好后，车门与站台门间隙探测设备探测到障碍物时，应推送站台 CCTV 图像。

⑭列车休眠时，系统应进行接触网或三轨断电提示及确认，并实现远程断电功能。

⑮系统联动时相关报警、CCTV 图像等可根据运营需求推送至车站相关终端。

(35)全自动运行模式下综合监控系统应能通过乘客调度工作站实现乘客对讲的紧急呼叫、对车辆进行广播、调看车辆 CCTV 等功能。

3.5.5 站台门

1. 基本功能要求

(1)站台门系统应能实现在系统级控制(信号系统联动控制)下对站台门滑动门的单门控制功能，即可屏蔽某一道滑动门不响应信号系统发来的整侧站台门打开/关闭命令。当单个滑动门故障时，不得影响其他滑动门的正常运行。

(2)站台门系统与列车车门控制系统间应能传递故障滑动门/列车车门位置信息，宜通过站台门与信号系统间设置的数据接口实现。该数据接口应采用冗余设计，其中一路故障时，不影响另外一路的数据传输功能。

(3)站台门故障或被人工锁闭致滑动门隔离后，站台门系统应能向列车车门控制系统提供故障滑动门位置信息，到站列车应能对乘客进行提示，并将故障滑动门对应的车门保持锁闭，不参与停站开、关门作业，直到站台门故障恢复。

(4)当列车车门故障并经人工切除隔离后，列车车门控制系统应能将故障车门位置信息提供给站台门系统。站台门系统应在故障列车到站时将故障车门对应的站台门滑动门保持锁闭，不参与停站开、关门作业。故障列车驶离站台后，站台门系统应恢复正常运营。

(5)滑动门故障隔离车门或车门故障隔离站台门时，均不应影响相应滑动门的手动解锁功能。

(6)站台门系统应具备故障提醒功能。当列车车门/滑动门故障被隔离后，相应位置滑动门应能进行声光提示提醒乘客绕行，宜设置语音播报装置。

(7)站台门系统应在车站站台公共区适当位置设置就地控制盘(PSL)，满足全自动驾驶运营模式下应急控制的需求。

(8)在全自动运行条件下，应采取措施尽量减少乘客或物品被夹入站台门与列车间隙的风险，宜设置站台门与列车间隙探测装置。

(9)间隙探测装置应与信号系统直接接口，接收信号系统提供的有效探测启动指令，并将障碍物探测结果信息纳入信号控制作为发车条件。

(10)间隙探测装置应具有旁路功能。

(11)间隙探测装置检测到障碍物信息应在中心/车站控制室报警。

2. 联动功能要求

(1)与信号系统接口功能:

①信号和站台门系统应具有个别车门及站台门故障条件下的对位隔离功能,信号系统与站台门系统接口应互传车门或站台门故障时的"对位隔离"信息。

②车门和站台门的关门动作不受对位隔离信息的影响。

③站台门系统应具备站台门与车门之间的间隙防护功能,向信号系统提供站台门与车门之间的间隙状态。

(2)与通信系统接口功能:

①站台门防夹功能触发后,全自动运行系统应具备联动视频监视系统的功能。

②站台门故障时,系统应向控制中心报警,并联动地面 CCTV 图像。

③站台门关闭锁好后,间隙探测设备探测到障碍物时,应推送站台 CCTV 图像。

3.6 全自动运行场景

3.6.1 总体说明

全自动运行系统是一项多专业、综合性工程,涉及车辆、信号、综合监控、通信、站台门、段场(车库门、洗车机)等系统。各系统应增加或完善设备配置及功能,满足全自动运行总体要求,并提高系统 RAMS 性能指标,保障全自动运行系统的安全、高效、稳定运行。全自动运行场景主要是对各核心系统功能设计情况进行要求,各核心系统设备功能设计、系统间接口设计应按照本线路场景要求完成功能落实。

全自动运行场景作为全自动运行线路底层设计文件,可按照公司归口部门牵头编制,运营单位深度参与的方式进行。在编制过程中可参考其他城市的做法,同时也要结合本地线路建设实际情况及需求进行编制。运营单位在深度参与该过程中,要重点关注功能设置是否满足运营需求,功能设置是否可以落实等。

3.6.2 模式转换说明

全自动运行模式(FAM)下实现列车的全自动运行功能。该模式为全自动运行线路的主要驾驶模式,仅当列车处于全自动运行区域中才能使用。蠕动模式(CAM)为全自动运行模式下,车辆网络检测到故障,或车辆 TCMS 与车载信号系统通信故障时,列车限速运行的一种模式。远程限制运行模式(RRM)为全自动运行模式下,在列车运营过程中，列车发生某些设备故障必须降级至RRM模式运行时，中心调度人员能对指定区域内的列车进行设置远程RRM指令，列车根据该指令，可在限速条件下完成自动定位功能，降低对运营的影响。各模式之间转换如图3-1所示。

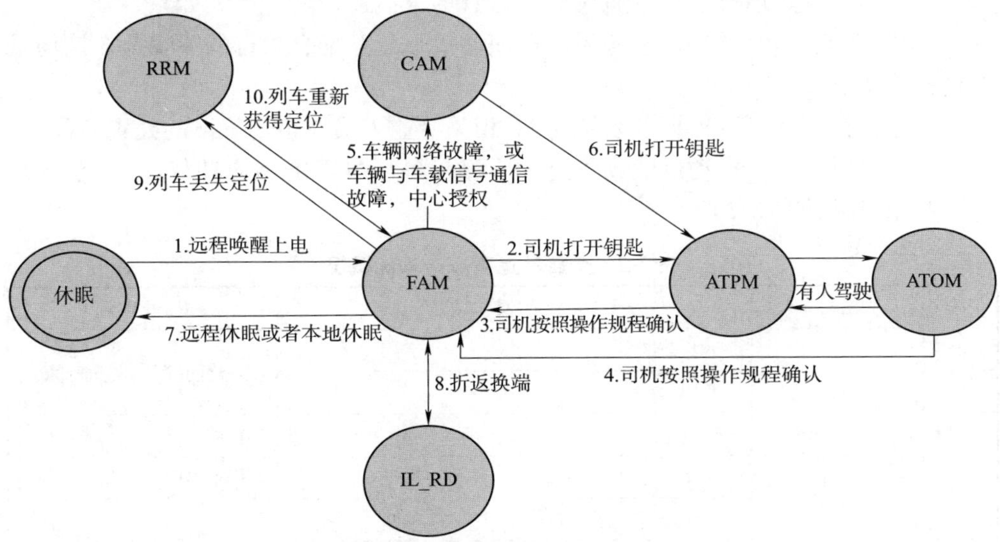

图3-1 各模式之间转换示意

3.6.3 全自动运行场景编制

1. 编制原则

运营场景说明书编制可参考《地铁设计规范》(GB 50157—2013)、《城市轨道交通全自动运行系统运营指南》等要求，此外，还需要总结运营各专业的筹备经验以满足全自动运行线路的运营需求。

2. 编制思路

根据全自动运行技术特点，以运营场景为主线，对实现每个场景所需的功能进行描述，并完成各专业系统功能分配。全自动运行场景编制分为正常运行场景、故障场景及应急场景三类。

(1)正常场景：按照预定计划，系统能全功能正常运行的情形。

(2)故障场景：设备故障等影响正常运行或降低服务品质，需要运营人员干预的情形。

(3)应急场景：由于外部突发因素，需要运营人员做出快速反应并安排相关人员进行处理，以避免状况进一步恶化，给乘客或行车带来潜在危害的情形。

在各类场景下可以根据实际运营运作情况、故障分类情况、应急处置情况等进行二级场景的细化，满足运作需求。

3. 场景组成

各项场景分为场景描述、联动流程及功能分配、运营处置流程三个部分。

(1)场景描述：运行过程中所应对的运营场景概述。

(2)联动流程及功能分配：各系统在该场景下相互配合执行的流程及在该场景下具备的功能。

(3)运营处置流程：根据各系统功能，相关专业人员在该场景下的处置流程。

(4)场景数量：全自动运营场景至少应涵盖各场景下的相应功能，全自动运营场景功能概况见表 3-2。

表 3-2 全自动运营场景功能概况

<table>
<tr><th>序号</th><th>一级目录</th><th>二级目录(具体场景)</th><th>场景分类</th></tr>
<tr><td>1</td><td rowspan="22">正常运行场景</td><td>运营前准备</td><td rowspan="2">运营前准备</td></tr>
<tr><td>2</td><td>唤醒</td></tr>
<tr><td>3</td><td>轨道车运行</td><td>轨道</td></tr>
<tr><td>4</td><td>出库</td><td>列车出库</td></tr>
<tr><td>5</td><td>正线运行工况</td><td rowspan="5">正线服务</td></tr>
<tr><td>6</td><td>进站停车</td></tr>
<tr><td>7</td><td>列车区间运行</td></tr>
<tr><td>8</td><td>站台发车</td></tr>
<tr><td>9</td><td>折返换端</td></tr>
<tr><td>10</td><td>清客</td><td rowspan="2">行车调整</td></tr>
<tr><td>11</td><td>运营调整</td></tr>
<tr><td>12</td><td>末班车运行</td><td>末班车运行</td></tr>
<tr><td>13</td><td>退出正线服务工况</td><td rowspan="2">列车退出服务</td></tr>
<tr><td>14</td><td>回库</td></tr>
<tr><td>15</td><td>清扫</td><td rowspan="2">列车退出服务</td></tr>
<tr><td>16</td><td>休眠</td></tr>
<tr><td>17</td><td>日检及维修</td><td rowspan="2">日常维护及施工管理</td></tr>
<tr><td>18</td><td>洗车</td></tr>
<tr><td>19</td><td>段场转线作业</td><td>段内调车</td></tr>
<tr><td>20</td><td>车库门控制</td><td>—</td></tr>
<tr><td>21</td><td>车上设备状态远程监测</td><td>—</td></tr>
<tr><td>22</td><td>全自动区内人员防护</td><td>—</td></tr>
</table>

续上表

<table>
<tr><th>序号</th><th>一级目录</th><th>二级目录(具体场景)</th><th>场景分类</th></tr>
<tr><td>23</td><td rowspan="11">故障场景</td><td>车门故障隔离站台门</td><td rowspan="4">门故障处理</td></tr>
<tr><td>24</td><td>站台门故障隔离车门</td></tr>
<tr><td>25</td><td>站台门状态丢失</td></tr>
<tr><td>26</td><td>车门状态丢失</td></tr>
<tr><td>27</td><td>蠕动模式</td><td>—</td></tr>
<tr><td>28</td><td>车辆制动系统故障</td><td rowspan="5">列车运行故障处理</td></tr>
<tr><td>29</td><td>信号设备故障</td></tr>
<tr><td>30</td><td>故障复位控制</td></tr>
<tr><td>31</td><td>远程限制模式</td></tr>
<tr><td>32</td><td>列车远程控制功能</td></tr>
<tr><td>33</td><td>接触网失电</td><td>供电设备故障</td></tr>
<tr><td>34</td><td rowspan="17">应急场景</td><td>紧急手柄</td><td rowspan="2">乘客服务</td></tr>
<tr><td>35</td><td>紧急对讲</td></tr>
<tr><td>36</td><td>车门紧急解锁装置触发</td><td>—</td></tr>
<tr><td>37</td><td>雨雪模式</td><td>雨雪模式</td></tr>
<tr><td>38</td><td>障碍物/脱轨检测</td><td>障碍物/脱轨检测</td></tr>
<tr><td>39</td><td>再关车门/站台门控制</td><td>—</td></tr>
<tr><td>40</td><td>站台紧急关闭</td><td>—</td></tr>
<tr><td>41</td><td>车辆火灾</td><td rowspan="3">火灾处理</td></tr>
<tr><td>42</td><td>车站火灾</td></tr>
<tr><td>43</td><td>区间火灾</td></tr>
<tr><td>44</td><td>救援</td><td rowspan="2">应急疏散</td></tr>
<tr><td>45</td><td>区间疏散</td></tr>
<tr><td>46</td><td>区间阻塞</td><td>—</td></tr>
<tr><td>47</td><td>控制中心失效</td><td>—</td></tr>
<tr><td>48</td><td>区间积水</td><td>应急处理</td></tr>
<tr><td>49</td><td>车上状况异常</td><td>—</td></tr>
<tr><td>50</td><td>远程紧急制动</td><td>—</td></tr>
</table>

3.6.4　场景维护总体说明

(1)场景维护路线

①初版场景文件:核心系统厂家进场前提供初版场景文件,经讨论确定后用于

为设计单位开展初步设计、需求书编制等工作提供基础指导。

②设计冻结版场景文件：核心系统设计联络过程中，不断结合设联文件及讨论情况维护场景文件（过程内控版本不发布），各系统完成设计冻结、接口方案确定后，形成设计冻结版场景文件。

③系统联调版场景文件：系统设备调试过程中结合实际情况维护场景文件（过程内控版本不发布），在系统联调前，结合各核心系统技术方案的最终实现情况，形成联调版场景文件。

④初期运营版场景文件：系统联调过程中结合实际调试情况维护场景文件（过程内控版本不发布），初期运营前，结合系统联调过程中相应技术方案调整（如有）的最终结果，形成初期运营版场景文件。

(2)场景文件修订依据

①初版场景文件：场景文件（讨论稿）在与相关方讨论的过程中，提出的相关需求；场景文件相关的评审意见（如有）。

②设计冻结版场景文件：合同谈判过程中各核心系统投标技术方案、相关需求；一致性牵头方提供的主要技术方案（接口规划等）。设计联络阶段各核心系统会议讨论情况及纪要（过程内控）；设计联络过程中获取的技术方案、接口方案（过程内控）；设计联络结束后各核心系统形成的设计冻结文件。

③系统联调版场景文件：核心系统调试过程中反馈的问题及处理方案（过程内控）；各核心系统设备调试结束后形成的更新版本技术方案。

④初期运营版场景文件：系统联调过程中相应技术方案调整。

4 运营介入全自动运行线路工程建设

4.1 基本要求

运营人员提前介入工程建设是建设向运营过渡的一个关键环节，对于后续运营开展及运营管理具有重要的意义。运营人员在线路建设期介入房建结构工程、轨道安装工程、装饰装修工程、系统设备安装及调试、工程验收、试运行等阶段的新线会议、施工现场介入、新线进驻、临时“三权”接管、“三权”接管、工程验收、设备出厂验收、跟踪与落实等工作。

运营人员在工程建设阶段介入，可以充分发挥运营人员经验以更好地满足运营需求。例如参与项目的设计、工程设备招标阶段，可以对站、场的布局，房间、设施的规划使用，设备的样式、规格及应具备的功能等提出合理化建议和需求，方便日后运营的使用，并充分体现了建设为运营的理念。同时在建设阶段注入运营管理思想还可以减少后期项目改造的数量，对成本节约具有重要的意义。

运营人员在工程建设阶段介入，可以更深入地了解工程情况。例如参与设备、设施的施工、制造、安装、调试等阶段，可以充分掌握设备、设施的情况及性能，对历史故障信息、产品缺陷等有一个全面的统计和掌握，有利于后续编制各项规章制度及操作规程，有利于人机界面的再分配及维修、维保策略的制定等。同时还能够提前发现建设过程中可能会对后续运营安全、效率产生影响的问题并及时解决，对于后续的验收工作以及运营以后的维护、维修工作具有重要指导意义。

运营人员在工程建设阶段介入，有利于人才的培养和积累。例如参与设备的监造、安装、调试等过程，可以使运营人员更深层次地掌握设备的工作原理、故障特征，为今后的处理、维护、奠定了理论基础，特别是实际参与现场调试、验证各项非正常功能及严重故障的过程，对于提高运营队伍的整体技术素养及应急处理能力具有重要的意义。

4.2 工程建设介入节点

一般情况下轨道交通项目建设期约为 6 年，前期主要是进行规划、可行性研究、提案报批等工作，运营人员参与程度不高。完成前期工作后，工程项目将进入到总体设计阶段，为下一阶段的初步设计提供方向。进入此阶段后，运营人员的介入将对总体项目设计思路优化发挥重要作用。

轨道交通工程建设期大致可分为工程准备、工程实施、验收接管、综合联调演练 4 个阶段。运营人员在介入新线建设工作中不仅需要结合工程实际建设情况，同时还应考虑介入目的，划分各介入节点并采取有效方式分阶段逐步组织实施。

全自动运行线路在设计规划上与传统线路均有较大差别，为充分满足后续运营需求，运营人员应主要集中在工程准备阶段和工程实施阶段的前期介入，即在建设规划、工程可行性研究、总体设计、初步设计、施工图设计、工程招标、设计联络阶段介入，运营人员应根据以往经验与建设方、总体设计单位就设计技术原则、依据进行讨论，选取与运营核心业务相关的内容进行专题研究，例如全自动运行正线与车辆段/停车场配线方案、车辆段/停车场与控制中心布局、设备设施的通用性及配套性等，重点从全自动运行系统运营组织、设备维护管理的角度出发，对设备设施有关技术、功能和参数等具体细节方面提出合理建议，对使用情况及故障率等方面提出选型要求；与厂家进一步明确备件、质保及后续服务、接口关系等工作。

4.3 全自动特色介入事项

为培养全自动运行技术骨干，给后续运营打下良好基础，运营人员应主要集中在工程实施阶段的后期、联调验收阶段和接管演练阶段介入。在单体调试和综合联调阶段，运营人员介入后将在设备的使用和维修、维护层面上有更加全面的了解和掌握，对设备功能、操作流程进一步验证，对各专业界面划分协调配合机制进一步明确，找出并及时更正系统运行过程中出现的问题，从而确定管理模式及各项管理制度。在设备制造和施工安装阶段，运营人员可以获得设备的第一手资料，有利于后续指导操作手册的编制。在运营演练和初期运营评估阶段，运营人员须对此前发现问题的整改情况进行进一步验证。

5 运营介入全自动运行系统联调

5.1 基本要求

由于全自动运行线路增加全自动运行系统功能调试，所以各专业内调试工期较常规项目调试时间增长 20% ~ 30%，在各专业调试完成具备条件后，增加联调时间约 20%，整体调试时间周期较常规项目增加约 50%。建议宜选取样板段提前调试，样板段至少提前 12 个月开始动车调试，全线联调至少提前 6 个月开始动车调试。

为验证全自动运行线路核心系统设备功能是否满足全自动运行场景说明书要求，在非全自动线路系统联调项目基础上，增加 UTO—01 正常场景、UTO—02 故障场景、UTO—03 应急场景 3 个调试项目，完成对线路全自动运行场景核心功能检验。

以运营需求为导向对运行场景功能进行分解，通过功能验证与场景验证相结合的方法，验证机电系统设备功能符合其设计要求，全自动功能能够全面覆盖运营场景特性，确保在建设阶段运行场景所需全部功能的实现。通过开展全自动运行场景验证，达到以调促建，促进线路开通质量提升，着力培养全自动线路运营人员，积累全自动线路调试经验的目的。

5.2 调试要点

5.2.1 前置条件确认

全自动运行核心系统涉及车辆、信号、通信、综合监控、站台门、段场工艺等专业，在进行全自动场景验证测试前应进行各系统的单体调试和各系统间的接口测试，提高场景验证测试的效率，避免因单系统功能或接口间的简单功能问题影响复杂场景测试的情况出现。因此，在进行全自动运行核心系统场景功能验证前，应进行各核心专业的前置条件确认，确保各项配置和功能满足条件。

1. 电客车联动功能测试

涉及列车车门故障联动功能测试、乘客紧急对讲联动功能测试、车门紧急解锁联动功能测试、列车电气柜门打开联动功能测试、司机台盖板打开联动功能测试、列车灭火器被取出联动功能测试、列车障碍物和脱轨检测联动功能测试、紧急手柄联动功能测试、车门夹人夹物联动功能测试、列车火灾联动功能测试前置条件。

(1)信号专业：

①调试列车 CC 静态测试、CC 动态测试完成，FAM 可用。

②CC-TCMS 接口调试完成。

③ATS 与综合监控接口调试完成。

(2)车辆专业：

①车载 PIS 与地面 PIS(WLAN)接口调试完成。

②车载 PIS 与无线接口调试完成。

③电气柜门、司机盖板、灭火器、紧急对讲、紧急手柄、车门紧急解锁、列车火灾探测器、车厢外牵引逆变器感温电缆、列车障碍物和脱轨检测设备单调完成。

(3)无线系统：

①中心无线调度台安装调试完成，能够实现车地双向通话。

②无线车载台安装调试完成。

③无线与车载 PIS 接口调试完成，确保紧急对讲车地双向通话功能正常。

④无线基站安装调试完成，能够实现车地通信正常。

(4)通信专业：

①地面 PIS 与 CCTV 接口调试完。

②车载 WLAN 设备安装调试完成，和中心通信正常。

③地面 CCTV 与车载 PIS 接口调试完成，能够实现车载摄像头在 CCTV 工作站及大屏上正常显示。

④地面 CCTV 与大屏接口调试完成。

(5)综合监控专业：

①综合监控与车载 PIS 接口调试完成，确保车辆设备报警及 CCTV 点位正确。

②综合监控与地面 PIS 接口调试完成。

③综合监控与地面 CCTV 接口调试完成。

④综合监控与无线接口调试完成。

2. 车站联动功能测试

涉及站台再次开关门测试、清客联动功能测试、站台开关门按钮联动测试、站台门滑动门故障测试、站台门夹人夹物联动功能测试、站台门状态丢失联动功能测试、站台紧急关闭按钮联动功能测试、车站火灾联动功能测试、站台门间隙探测联动功能测试、车门站台门对位隔离联动功能测试前置条件。

(1)施工单位：

①站台层PSD、ESB、烟感、温感、区间水泵、人防门联动摄像头安装完成，站台PIS/PA安装完成。

②区间风机安装配线完成。

③人防门安装配线完成。

(2)信号专业：

①SPKS安装完成，单调完成。

②信号与站台门接口调试完成，点位核对完成。

③紧急关闭按钮安装完成，单调完成。

(3)通信专业：

①车站PIS调试完成，正常显示场景文件分配功能。

②车站PA正常播放广播。

③车站WLAN基站调试完成，到控制中心通信正常。

④站台层PSD、ESB、烟感、温感、区间水泵、人防门联动摄像头调试完成。

(4)FAS专业：

①站台层烟感、温感安装调试完成，FAS主机能正常触发火灾报警。

②区间感温光纤单体调试完成。

③FAS与车站PA接口调试完成。

(5)站台门专业：

①站台门单体及功能调试完成。

②站台门PSL安装调试完成(含按钮功能)。

③间隙探测设备安装调试完成。

④站台门与综合监控接口调试完成。

(6)综合监控专业：

①中心及车站综合监控工作站、CCTV工作站安装调试完成。

②综合监控与站台门接口配置检查完成，确保各扇门联动点位正确性。

③综合监控与站台层PSD、ESB、烟感、温感、区间水泵、人防门联动摄像头接口配置检查完成，在车站和中心手动调取CCTV视频画面联动正常，大屏显示画面正常。

④ISCS与车站PIS、PA接口调试完成。

⑤区间风机单调完成，并与综合监控接口调试完成。

⑥综合监控与FAS、BAS接口调试完成，确保站台烟感/温感/区间感温光纤、区间水泵、人防门点位正确。

3. 区间联动功能测试

涉及区间火灾联动功能测试、区间水患功能测试、人防门联动功能测试前置条件。

(1)施工单位:

①区间水泵、人防门联动的摄像头安装配线完成。

②区间感温光纤安装配线完成。

③区间水泵安装配线完成。

④人防门室内外安装配线完成,物理通道接通。

(2)信号专业:

①信号与综合监控接口调试完成。

②中心及车站 ATS 工作站调试完成,站场图可以正常显示。

(3)通信专业:

区间水泵、人防门的 CCTV 摄像头调试完成,在车站及中心 CCTV 工作站上可以正常调取显示视频画面。

(4)FAS 专业:

①FAS 与区间感温光纤调试完成。

②感温光纤主机、FAS 主机调试完成,在 FAS 主机上能正常触发区间火灾报警。

③FAS 骨干网调试完成。

(5)综合监控专业:

①中心及车站综合监控工作站、CCTV 工作站安装调试完成。

②综合监控与区间水泵、人防门联动摄像头接口配置检查完成,在车站和中心手动调取 CCTV 视频画面联动正常,大屏显示画面正常。

③综合监控与 FAS、BAS 接口调试完成,确保区间感温光纤、区间水泵、人防门点位正确。

④区间风机单调完成,并与综合监控接口调试完成。

⑤监控消防联动测试完成。

4. 段场联动功能测试

涉及洗车功能测试、车库门控制功能测试、段场全自动区域人员防护功能等项目测试前置条件。

(1)施工单位:

①库门(停车列检库、洗车库)、洗车机设备安装调试完成,各项功能正常,洗车库区域满足动车要求。

②完成段场 DCC 内 SPKS 控制盘安装调试。

(2)信号专业:

①车库门与信号系统完成接口调试,具备对车库门状态以及报警监视、自动/远程人工控制功能,并已通过基本功能验证。

②洗车机与信号系统完成接口调试,具备全自动自动洗车功能,并已通过基本功能验证。

③完成段场 SPKS 控制盘调试,通过基本联动功能验证。

5.2.2 验证范围深度确认

在线路场景验证工作实施前,完成全自动运行场景项目验证范围及深度的确定,并遵循以下原则:全自动新增功能遍历测试、故障应急场景大样本抽测、不具备条件项目后续补测,经过系统性多轮场景验证,确保全部功能覆盖测试。

遍历测试项目包括休眠、唤醒、洗车、站台门隔离、清客、故障复位控制、站台门紧急关闭、车站火灾等。大样本抽测项目包括欠/过标停车、运行计划变更、信号设备故障、雨雪模式、列车救援等。未完工补测项目包括受工程建设进度影响,未完工需进行甩项项目等。通过以上测试,应保证全站点、全列车、全功能覆盖性完成验证。

5.2.3 验证点位统计

为把控项目实施进度,精确评估具体工作量,以便于验证计划编排、人员筹备、功能遍历、难点预想,进一步分解各个场景所包含的相关关键单系统功能、多系统联动功能,并作为联调项目进行验证,针对场景功能分布进行点位梳理,点位分布按照测试地点可划分为正线、段场、电客车、OCC 等。

5.2.4 验证方案编制

以全自动功能为导向开展场景验证,对全自动运行系统设计标准及场景功能进行全面性、阶段性验证,对全自动驾驶场景功能的符合性进行验证和评价,确保系统功能符合运行场景及设计要求,为下一阶段开展运行场景验证创造前置条件。通过功能验证结合场景验证,从两个层次对全自动运行核心系统运营场景及功能进行全面验证。

场景验证开展需建设、运营、各厂家密切结合,结合各厂家的接口功能测试及系统集成测试同步开展,对于不具备的部分测试项,可以先甩项、后补测。基于以上情况,应在系统集成测试结束后,试运行开始之前预留 15 d 时间由运营自主开展一轮完整场景验证,在完成全部测试项目功能验证及问题整改工作基础上,应在试运行期间组织跑图阶段检验系统稳定性和行车能力。在启动现场全自动运行场景验证工作前，完成实施方案编制，方案内容包含实施时间安排，明确验证过程中的专业分工职责、计划管理、问题管理、进度管控、资料管理、场景文件更新、考核管理及最后评估报告编制要求。

5.3 工作程序

5.3.1 冻结版的场景文件

冻结版场景文件应根据核心系统设计联络过程中，各系统厂家对场景功能的响应及接口匹配，从而不断结合设联文件及讨论情况深化、完善场景文件。最终各系统完成设计冻结、接口方案确定，形成设计冻结版场景文件。

5.3.2 联调细则编制

以全自动运行场景说明书、核心专业技术文件、各专业技术规格书、接口文件等为输入，结合本线路联调大纲为指引，编制全自动运行章节联调细则，细则内容包含组织架构、调试内容步骤、测试记录表等。

5.3.3 实施计划编排

全自动运行线路场景验证工作计划宜分五轮开展，其中前两轮结合核心厂家全自动功能测试同步进行，从第三轮开始由运营主导进行，第四轮在试运行期间开展，完成点位、功能遍历性测试，第五轮起以应急场景演练，检验人员操作水平、应急处置能力，结合线路工程建设进展，计划安排可做同步动态调整。

(1)第一轮全自动运行场景功能测试

测试时间：一般在线路动车调试开始后 20 d 左右，核心系统厂家全自动核心功能调试具备后启动。

测试区域：正线、车辆段、多列车。

本阶段跟随核心专业开展调试，该阶段存在问题可能比较多，重在暴露、记录问题，为下一阶段验证工作提供关注点。

(2)第二轮全自动运行场景功能测试

测试时间：第一阶段完成后，结合一致性牵头方全自动功能验收进行，一般在试运行开始 45 d 前进行。

测试区域：正线、车辆段、多列车。

同步核心厂家全场景验收测试开展，该阶段重点观摩学习，前期记录问题销项，增加参与度，进行部分功能操作，多站点大范围开展验证。

(3)第三轮全自动运行场景功能测试

测试时间:试运行开始前 30 d 进行。

测试区域:正线、车辆段、多列车。

本轮测试由运营独自组织开展,目的在强化人员操作、应急处置,重点抽取上一轮未进行站点进行补充测试,验证全自动功能稳定性,该轮测试在试运行前单独预留时间完成,通过对全部场景功能覆盖性测试,系统性评估现阶段全自动功能实现情况,同时根据前三轮测试完成对全站点、全列车覆盖性验证。

(4)第四轮全自动运行场景功能测试

测试时间:试运行前、中期。

本轮测试在上一阶段点位测试基本完成,联调发现全自动功能相关问题基本完成整改,系统软件完成初期运营版升级后进行,通过最后一轮测试,完成对整个全自动运行系统功能达成情况评估。

(5)第五轮全自动运行场景功能测试

测试时间:试运行后期。

本轮测试主要是由设备使用部门以应急演练形式开展,重点检验调度、站务及乘务人员设备操作水平和应急处置能力,同时达到对全自动运行系统运营或场景匹配性检验。

(6)场景验证评估报告编制

试运行开展第三阶段结束前各专业组完成牵头项目验证评估报告编写,试运行结束前完成终版评估报告编写,报告内容包含组织程序、验证范围及内容、过程问题及分析、完成程度、工作质量评估意见、设备质量评估意见等内容。

5.3.4 会议管理

每日调试结束后,联调负责人牵头组织小组人员召开会议,进行当天总结评估。汇总当日调试发现的问题,并填写系统联调评估表。

结合现场调试进度,原则上每周组织建设方、运营各专业召开一次全自动运行场景验证例会,会议总结上周调试工作开展情况,制定下周调试计划。公布调试发现问题整改情况,对技术问题进行讨论,制定相应解决方案。对各专业施工进度影响调试工作开展的,向厂家和施工单位明确完成时间节点。

会议纪要发建设管理部门转发至责任参建单位,督促按要求执行,跟踪会议事宜落实情况。对会议达成一致意见,要求参会人员第一时间传达、落实,做到问题闭环有安排有落实。

5.3.5 问题管理

根据场景验证测试中发现的问题,在每日测试结束前,由牵头运营专业组人员向相关责任单位进行说明。当本轮测试结束后，由牵头运营专业组进行汇总，填写“场景验证问题追踪表”。进行如下管理：

对于“场景验证问题追踪表”中的问题，各牵头专业组对接各厂商、施工单位进行整改，追踪问题整改进度，并及时更新问题追踪表台账。

责任单位应在每轮复测期间完成问题销项，最晚不迟于下一轮测试时进行销项。

每轮验证测试结束后，项目牵头运营专业组对问题跟踪状态进行更新。问题按照优先级进行分类管理，尤其是影响场景测试完成度的问题项应重点关注，并督促责任单位进行整改。

验证过程中发现的问题由专业组与相关责任单位沟通后注明整改时限，问题提报至问题管理负责人处监督管理。

设备使用部门验证过程中发现全自动联动问题可反馈至项目牵头专业组处，由牵头专业负责问题对接，整改情况跟踪落实。

对于未能及时销项的责任单位，视情况严重程度及时上报，按照相关管理办法反馈建设管理部门处置。

5.3.6 资料管理

场景验证过程资料包括现场签到表、前置条件确认表、测试记录表、每日调试情况评估表及其他调试结果相关材料，各专业组为资料保管责任人，确保过程资料留存完整，每轮测试结束后将纸质资料整理齐全，统一归档管理。

5.3.7 场景文件更新

各专业组在验证过程中发现核心系统功能设计、接口设计存在的问题，向设计单位和各系统设备厂家、施工单位等相关单位协调处理，对于无法满足场景说明书要求及全自动运行需求的问题，由需求部门依照运营场景说明书牵头编制部门的调整要求，发起场景说明书修改申请，牵头专业组根据场景修改情况同步完成系统联调实施细则中全自动运行分册内容修订。

5.3.8 培训要求

运营各参调专业应在调试工作开展前完成参调人员培训工作，培训内容不限于介入安全、本线路全自动运行场景说明书、全自动运行联调细则、核心专业技术规格书、各专业设备操作手册、其他线路全自动功能验证典型问题、场景验证实施方案等，培训工作完成后进行必要的考核鉴定。

6 运营生产组织筹备

6.1 基本要求

在建设规划获批、线路初期运营节点基本确定后，制定运营筹备工作计划，明确运营生产组织筹备时间、节点要求。

现场介入基本条件为土建主体结构完成，铺轨单位进场，风水电、装修单位进场，系统设备开始安装。具体时间要求如下：首座车站土建主体结构完成后，房建结构专业开始介入；全线洞通后，轨道专业开始介入；风水电、装修单位进场后，风水电专业开始介入；系统设备安装单位进场后，对应专业开始介入。

首列车到段基本条件为车辆段道路满足列车卸车需求，车辆段股道满足列车停放条件。时间要求需在初期运营前 18 个月完成。

系统联调基本条件为完成单系统调试和接口测试。系统联调开始时间受线路长度及站点数影响，通常情况下，系统联调需在初期运营前 11 个月开展系统联调工作，试运行前完成（自主联调需在初期运营前 9 个月开始），全自动运行线路场景验证在系统联调期间进行。

试运行基本条件为完成系统联调及项目工程验收。时间要求为初期运营前 4 个月开始，初期运营前一周完成安全评估。

初期运营前安全评估基本条件为完成试运行、工程竣工验收并取得按照《城市轨道交通运营安全评估管理办法》第七条中规定的 8 项材料。预检查宜在初期运营前两个月开展，正式评估宜在初期运营前一个月开展。

6.2 管理架构与职责

6.2.1 组织架构定义及组成形式

组织是由人及其相互之间的关系构成的，是达成最后目标的途径，是被所有者或管理者用来完成特定目标的工作。组织的核心要素是成员之间的合作以及资源的目标导向配置。

组织由 5 个基本部分构成，如图 6-1 所示。受组织环境、技术、人员等素质的影响这五个部分构成的规模和重要性都并不相同。

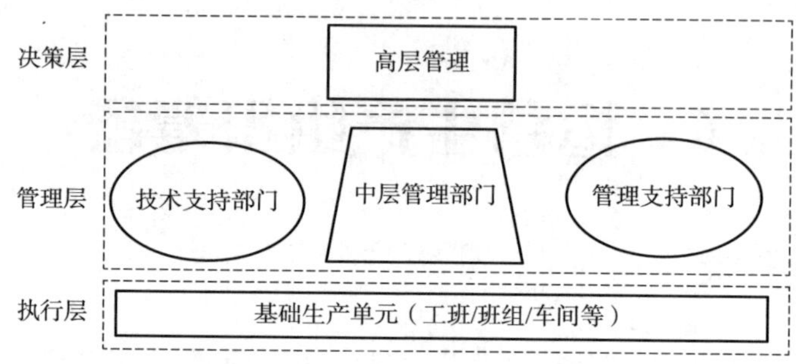

图 6-1 构成组织的基本部分

组织架构表述了构成组织的各要素及其相互关系，包括构成企业的主要部门、各部门内部所设置的岗位、各岗位之间的权责关系、企业内所包含的业务流程和管理流程以及企业的内控协调机制等。

组织架构对企业组织行为有着直接的影响，对企业宗旨的实现也有很大影响。组织架构可以使企业中的资源集合在一起，并进行适度的安排，以实现特定的目标，即企业战略。它是公司内各种劳动分工与协调方式的总和，规定了公司内部各个组成单位的任务、职责、权利和相互关系。

6.2.2 组织架构设置基本原则

全自动运行线路相比原有传统线路部分岗位及职责发生变化，应制定符合全自动运行需求的组织架构及岗位职责。全自动运行线路运营生产架构宜包含票务管理、行车管理、客运管理、设备设施维护四项内容。

(1)票务管理模块职责包含票务清分管理、AFC 系统管理、监督管理、数据管理、票卡管理、设备管理六项业务。

(2)行车管理模块职责包含运营计划、乘务管理、调度指挥和运营分析四项业务。

(3)客运管理模块职责包含客运组织管理、客运服务管理、服务设施管理、服务质量管理四项业务。

(4)设备设施维护模块职责包含车辆系统维护检修、通号系统维护检修、供电系统维护检修、工务系统维护检修和机电设备的维护检修五项业务。

6.2.3 运营管理组织架构设置目标

城市轨道交通运营管理的目标是通过统筹安排各项运营任务，为顺利实现运营服务的交付提供可靠、坚实的保障。

城市轨道交通运营管理组织架构设置的目标是承接运营业务模式带来的需求，按照业务模式进行资源配置、能力发展、业务分工、工作流程等关键要素的设计，针对包括站务和乘务服务、线网调度、设备设施维护与维修、衍生业务发展等运营核心业务领域的职责划分与管控设置。

组织架构的设置是为了解决城市轨道交通运营过程中存在的"协调"和"激励"两大问题，并承担上述任务涉及的人、财、物、规章、流程等基础条件的建立和维持，涉及范围广，工作内容接口多，组织协调复杂。城市轨道交通运营管理组织架构的设置必须根据所要完成的任务，确定由哪方来完成任务以及如何管理和协调这些任务。即为参与运营管理的各类专业人员提供一定的组织方式和运作指令，各司其职，相互协作，在城市轨道交通运营组织内部实现管理的信息、资源和任务的顺畅流动，提升工作效率。

在完善协调机制的基础上，构筑保障组织内个体与集体之间的行动一致激励，防止员工个人目标与企业目标的脱节，确保组织架构的内在自主能动性，并推动运营管理组织的自我约束、自我完善等机制的形成。

保证城市轨道交通运营单位内部的协调与能动性就是运营管理组织架构设置的两大目标，也是运营管理组织架构能够为运营管理主体提供应对挑战和任务的核心条件。

6.2.4 全自动运行线路组织架构特性分析

全自动运行系统是一项系统工程，其涉及车辆、信号、综合监控、通信、站台门、车辆基地等多个专业，各专业联系密切。全自动运行系统中传统乘务的一部分工作职能（人工牵引操作、制动操作、开关门操作等）由列车自动控制系统完成，另一部分现场操作工作移交到控制中心远程完成（故障复位、紧急制动缓解等）。传统的乘务、控制中心调度员和车站值班员共同参与控制的运营控制模式，转变为以控制中心调度员直接面向运行的运营控制模式，即全自动运行带来了人机配合机理的重置，从而影响运营组织架构及相关岗位职责。全自动运行对组织架构的影响机理示意如图 6-2 所示。

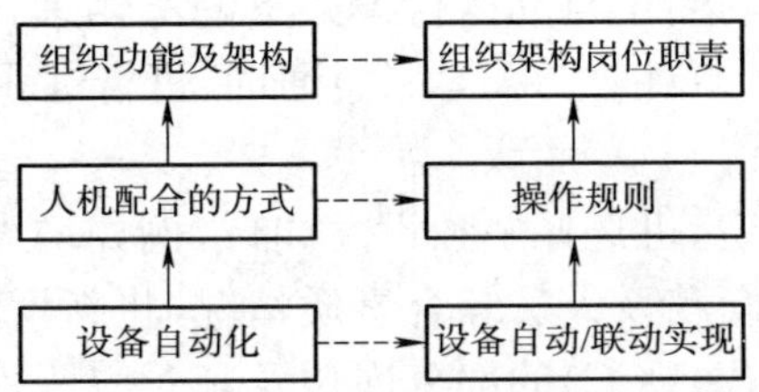

图 6-2 全自动运行对组织架构的影响机理示意

6.2.5 乘务管理组织特性分析

采用全自动运行之后，对传统乘务岗位带来的变化最大。传统线路模式下，列车乘务虽然在一线工作，但基本被“束缚于”司机室，几乎不直接面向乘客提供服务。当采用全自动运行之后，特别是采用客室值守或无人值守方式时，列车乘务可直接面向乘客提供客运服务和对相关设备进行巡检。在上述运作模式下，列车乘务的大部分时间将用在为乘客提供服务以及巡检相关设备上，仅在发生突发情况时，才介入进行手动驾驶列车。

基于以上变化，在运营管理组织架构的设计上，应充分结合当前全自动运行等级以及运营人员综合素质情况，合理对传统乘务管理部门在组织架构中的位置进行设计，以适应当前运行等级以及运营人员的战略培养方向。

在实行无人值守方式后，为弥补应急处置响应时间延长的风险，一般可有以下两种策略安排，一种是由车站部分关键岗位人员具备手动驾驶技能，另一种是车辆巡检人员具备手动驾驶和应急处置能力，并在运营时段合理安排巡检人员登乘或职守。

针对乘务人员在全自动运行情况下的人力资源配置，从国内外范围看，一般可分为四种模式，即：只有巡视人员、固定车站员工和巡视人员、列车有人值守，多数车站无人、列车和车站均有人值守。

6.2.6 OCC及DCC组织特性分析

随着传统乘务的部分职责移交给OCC，OCC的部分岗位及其对应职责均将产生一定变化，主要表现为OCC将增加车辆监控以及乘客服务的职能，以实现远程服务列车以及站台上的乘客，同时远程监视和控制车辆。与传统线路调度相比，全自动运行下调度人员新增的岗位职责至少包括车辆监控及乘客服务的职责，具体如下：

(1)车辆监控职责包括：全自动运行模式下的车辆远程监控、列车的远程休眠、唤醒等操作、列车故障时应根据故障现象进行判断，对于远程无法判断或处理的故障，应尽快安排相关人员现场处置。

(2)乘客服务职责包括：全自动运行模式下的车辆远程乘客服务；列车发生乘客报警、迫停区间等突发事件时与乘客紧急通话、进行远程广播；通过CCTV监视客流等。

针对新增的岗位职责，可选择单独设立岗位，例如增设车辆调度和乘客调度，也可根据相关岗位工作负荷及人员综合素质情况，将新增职责与传统调度岗位复合。全自动运行车场运作(DCC)的部分岗位及其对应职责均将产生一定变化，主要表现为增加车辆监控及库内监视、广播的功能，全自动运行区域和非全自动运行区域的行车管理等。

(3)库内监视、广播职责:库内 CCTV 视频推送及监视;库内人工广播。

(4)全自动运行区域和非全自动运行区域的管理:全自动区域和非全自动区域的进路转换排列;全自动区域和非全自动区域的人员登乘列车管理。

针对新增的岗位职责,一般采取根据相关岗位工作负荷以及人员综合素质情况与既有传统岗位复合的方式。

6.2.7 OCC 与 DCC 界面划分分析

(1)OCC 与 DCC 分设/合设分析:

针对车辆段控制中心与控制中心是分设还是合设的问题,在全自动运行实践中两者均有所应用,其中合设模式受制于该城市对路网各线路控制指挥中心设置的整体规划,即合设的一个前提条件是线路级控制中心规划设于本线车辆段内。

合设有利于将正线与车辆段作为一个整体进行统一调度指挥,分设则便于将车辆段内调车、检修等与正线行车不紧密的作业独立开,实行专业化管理。在本线路建设时应综合考虑整体线网规划情况及本线路实际情况来确定合设还是分设。

(2)段场全自动运行区域管辖主体:

若 OCC 设于段场内,段场全自动运行区域建议由正线调度统一管理;若 OCC 未设于段场内,建议段场全自动运行区域仍由属地管理,即由 DCC 调度负责,DCC 与 OCC 接口为出入段(场)线转换轨区域。

6.2.8 其他相关影响

全自动运行对乘务、调度等关键业务板块组织架构及岗位的影响比较直接、明显,除此之外,全自动运行还将对其他部分岗位产生较为间接、深层次的影响,特别是在实行客室值守或无人值守模式情况下,例如运营计划相关岗位、安全与应急相关岗位、维保策略与技术研究相关岗位等。

6.3 运营规则

全自动运行线路运营规则主要包括行车组织、客运服务、段场管理三方面。

6.3.1 行车组织

全自动运行线路的行车组织应涵盖正常、故障和应急情况下的各类运营场景。应优先采用 FAM 运行,运营时间内不宜频繁切换运行模式,若确实需要混合运行或切换运行模式的,应有相对应的规则与程序进行规范。UTO 模式下,现场运营人员的覆盖程度应能满足应急响应时间的要求。应明确故障远程处置与现场处置的优先级，宜按远程处置优先原则制定运营各项规章制度。

1. 调度指挥

全自动运行线路应采用运营控制中心集中调度指挥模式，正常情况下，应以系统自动运行，当遭受到火灾、地震等无法对运营线路进行集中调度指挥的灾害影响时，可以将控制中心人员转移至灾备控制中心（备用控制中心），启用灾备控制中心（备用控制中心）对运营线路进行集中调度指挥。全自动运行线路调度岗位应具备车辆远程监控及乘客服务的职能。当列车发生乘客报警、烟雾火灾报警、迫停区间等突发事件时与乘客通话并进行远程广播。发生故障时调度员应根据故障现象进行判断，对于远程无法判断或处理的故障，应尽快安排相关人员现场处理。

2. 列车运行

列车应能按要求在规定位置实现自动唤醒，并按照列车运行图自动上线运行。DTO模式下，列车员应在指定时间和指定位置登乘列车，登车前应做好安全防护工作。列车在正线运行时，DTO模式下列车员应巡查行车及服务关键设备系统工作状态，一般情况下不负责在司机室监视路况和紧急制动操作；UTO模式下，宜安排现场运营人员上车巡查，轨道车及末班车宜采用非全自动运行模式运行。DTO模式下，列车因故迫停车站或区间时，列车员按要求现场处置。UTO模式下，列车因故迫停车站或区间且无法远程处置时，现场运营人员应根据相关预案及时登车处置，并做好登车前安全防护工作，确实需要立即远程组织乘客区间疏散的，应按预案立即处置。

3. 车站行车组织

全自动运行模式的车站行车规章制度应包括行车设备使用与管理、与行车有关的客运工作组织、故障及灾情处置程序及作业时间要求等内容。应加强对全自动运行的新增风险点和车站行车相关设备进行监控，加强对乘客乘降过程进行监视，发现故障或异常应及时处理。全自动运行控制模式由中心控改为站控时，车站行车值班员应加强列车运行情况监控，并根据调度员命令及时开展相关行车组织工作。

6.3.2 客运服务

全自动运行线路的客运服务质量管理、组织方案及突发事件处置程序应适应不同运行模式的需求。应通过多种形式向乘客宣传全自动运行安全乘车理念和突发事件应对知识。全自动运行模式下对特殊乘客的服务质量不应降低。

1. 客运组织

应分别制定全自动运行模式和非全自动运行模式的客运组织分级管控机制及

管理措施。站台关门按钮、站台紧停按钮、清客确认按钮以及站台门与列车间防夹探测装置、PSL 等全自动运行辅助设备的故障处置方案应满足客运组织的需求。DTO 运营模式下列车员应配合车站工作人员组织列车清客作业，避免乘客滞留客室或载客回库。车站工作人员应加强站台乘降作业管理，及时做好客流疏导。发生大客流时，调度员应及时采用调整停站时间、增加运力等措施，保障车站客运组织的安全有序。全自动运行系统自动触发的乘客服务信息发生播报错误时，工作人员应及时采取有效干预措施纠正错误信息，降低信息播报错误导致的影响，并及时上报。

2. 客运服务

全自动运行的客运服务应通过标识、广播、提示音、乘客信息显示、视频设备等多种方式为乘客提供客运服务及安全应急等信息，满足全自动运行客运服务质量要求。DTO 模式下，列车员应为客室乘客提供问询、为特殊乘客提供帮助服务。UTO 模式下，调度员应根据乘客需求通过视频监控系统、远程广播等辅助手段为客室内乘客提供必要的服务，现场运营人员在对车站或列车进行巡查的过程中可为乘客提供问询、为特殊乘客提供帮助等服务。运营人员应及时通过远程控制或系统，自动为乘客提供舒适适宜的照明、制冷和采暖等服务。乘客自助服务的意识及设备自助使用的能力应持续培养。

6.3.3 段场管理

全自动运行线路段场的全自动区域应具备完备的全自动运行功能。段场的全自动运行区域与非全自动运行区域转换轨应具备全自动运行功能。段场非全自动运行区域应采用人工驾驶模式。

段场应设置物理隔离措施，实现全自动区域和非全自动区域的分区管理。应明确全自动运行列车与非全自动运行列车在转换区域进行模式转换时的规则与程序。运营控制中心及 DCC 均可对段场全自动区域内列车休眠、唤醒、运行、清扫等状态进行管理和控制，并按相关要求可实现控制权在运营控制中心和段场之间的转换。停车库的各防护分区间应设有物理隔离，防护分区之间应设有人员防护开关，并根据作业需求制定相应的管理措施。正线与车辆段的分界线建议：正线与车厂以出入车厂信号机为界，段场区域行车组织工作可由 DCC 或 OCC 管理。

6.4 制度编制

全自动运行线路规章制度宜分为管理和技术两类。管理类制度包含部门业务管理制度、安全管理制度，技术类制度包含行车管理制度、客运服务、施工管理、段场管理、专业设备操作及维护制度。全自动运行线路制度宜在线路试运行前1个月完成发布。

全自动运行线路制度编制涵盖内容如下：

①部门业务管理制度包括部门职责、生产方针、目标管理、设备管理、维修接口管理等内容。

②安全管理制度包括应急准备与响应管理、消防安全管理、职业危害控制、运营事故事件处理规则等内容。

③行车管理制度包括行车岗位职责、正线行车组织、非正常情况下行车方法等内容。

④客运服务制度包含客运岗位职责、车站运作组织、客运服务要求等内容。

⑤施工管理制度包含施工人员职责、施工区域管理、施工类别划分、施工作业流程要求等内容。

⑥段场管理制度包含段场岗位职责、段场行车组织、段场区域划分、段场行车组织要求等内容。

⑦专业设备操作及维护制度包含车辆、通号、供电、机电、工务专业设备设施操作方法、维护周期、维护要求等内容。

⑧制度编制时应充分征询意见，对制度涉及专业重点关注意见反馈情况，编制完成后宜进行演练、评审及验证。

7 运营人员培训

7.1 基本要求

运营人员培训的目标是掌握全自动运行基础知识及本岗位工作职责，完成从传统线路到全自动运行线路的工作认知转变；掌握本专业所涉及的全自动运营相关专业知识和实操技能，完成上岗前的取证工作，做到持证上岗、称职上岗、责任上岗。运营人员培训宜采用“先通用后专用”的方式，以传统线路的既定培训体系为基础，先安排人员学习非全自动本岗位基础专业知识，再进行全自动运行差异化知识点培训。

培训整体计划宜按照各阶段工程进度划分，以工作任务介入时间为时间轴，明确各个阶段工程介入所需要的专业人员、开始及完成时间、培训师资、培训岗位以及相应的培训类型，近期工作任务，保障各专业人员能够提前完成全自动相关培训，按时参与工程进度，按计划进行总体的统筹规划，以便能够按照时间顺序有序地完成各阶段的培训工作。

培训资源宜依托设计单位、设备厂家的技术力量开展，分批次、分层次地培养出第一批运营人员，作为运营筹备的技术力量，开展后续大规模的培训工作。

7.2 培训内容

7.2.1 调度人员

车厂调度推荐培训全自动特色内容见表 7-1。

表 7-1 车厂调度推荐培训全自动特色内容

序号	培训项目	全自动运行主要内容
1	全自动运行场景	与 DCC 运作的场景
2	运营规则说明书	DCC 工作职责，作业流程，如唤醒流程、送电广播等
3	全自动特色管理文本	全自动运行线路差异； 全自动运行线路段厂运作组织规则； 全自动运行线路施工管理规则篇

续上表

序号	培训项目	全自动运行主要内容
4	信号系统介绍	信号系统新增功能、联动、设备
5	库门手动操作知识	库门联动场景、条件及应急处置
6	人员防护开关使用	人员防护开关的使用流程及时机
7	实操项目	列车相关操作、段场线路情况、段场供电分区、段场信号机分布及功能、工作站操作、无线车载电台操作、CCTV设备操作、应急处置、故障处理

主任调度推荐培训全自动特色内容见表7-2。

表7-2 主任调度推荐培训全自动特色内容

序号	培训项目	全自动运行主要内容
1	全自动运营场景说明书	除DCC运作的场景均需掌握
2	运营规则说明书	控制中心工作职责，作业流程（包括行车调度员、设备调度员、信息调度员）
3	全自动特色管理文本	《全自动运行特色管理文本—全自动运行线路差异性分析篇》《全自动运行特色管理文本—全自动运行线路行车组织规则篇》《全自动运行特色管理文本—全自动运行线路施工管理规则篇》
4	信号系统基本原理	信号系统基本原理、信号系统新增功能、联动、设备
5	全自动运行系统	全自动运行系统新增设备、功能，各设备联动流程
6	车辆系统课程	车辆系统新增功能，车辆设备结构与非全自动线路区别
7	通信系统课程	通信系统与其他各系统之间的联动关系，联动触发条件及出发后结果
8	站台门系统	站台门与车门对位隔离功能，间隙探测装置使用时机及条件
9	综合监控系统操作	综合监控系统远程操作功能，综合监控系统图元显示
10	行车调度员调度规则	行车指挥层级，远程操作和现场操作处置的优先级等
11	行车组织规则、施工管理办法、行车调度员调度规则	行车指挥层级、调度作业新增风险点、远程操作内容及操作时机，线路使用防护功能的使用(SPKS)
12	应急处置（突发事件处置）规则	应急场景对应的操作流程，综合应急预案，专项应急预案等

行车调度员（兼车辆调度员）推荐培训全自动特色内容见表7-3。

表7-3 行车调度员（兼车辆调度员）推荐培训全自动特色内容

序号	培训项目	全自动运行主要内容
1	全自动运营场景说明书	除DCC运作的场景均需掌握
2	运营规则说明书	控制中心工作职责，作业流程（包括行车调度员、设备调度员、信息调度员）

续上表

序号	培训项目	全自动运行主要内容
3	全自动特色管理文本	《全自动运行特色管理文本—全自动运行线路差异性分析篇》《全自动运行特色管理文本—全自动运行线路行车组织规则篇》《全自动运行特色管理文本—全自动运行线路施工管理规则篇》
4	行车闭塞方式	行车闭塞法转换时机、流程等
5	信号显示	综合监控系统远程操作功能,综合监控系统图元显示
6	列车驾驶模式	列车驾驶模式转换时机及流程
7	列车运作	司机基本作业流程
8	线路概况	线路休眠唤醒地点、走行路线
9	信号	信号系统基本原理、信号系统新增功能、联动、设备
10	列车情况	车辆系统新增功能,车辆设备结构与非全自动线路区别
11	机电设备	站台门系统对位隔离、间隙探测装置原理及使用时机
12	应急处置(突发事件处置)规则	特殊天气时雨雪模式,车站列车发生火灾等
13	实操项目	信号工作站的操作、综合监控系统工作站操作

系统调度员(电力调度与环控调度)推荐培训全自动特色内容见表7-4。

表7-4 系统调度员(电力调度与环控调度)推荐培训全自动特色内容

序号	培训项目	全自动运行主要内容
1	全自动运营场景说明书	与电力调度员有关的场景
2	运营规则说明书	与行车调度员之间进行关联的运作流程
3	全自动特色管理文本	《全自动运行特色管理文本—全自动运行线路差异性分析篇》《全自动运行特色管理文本—全自动运行线路行车组织规则篇》《全自动运行特色管理文本—全自动运行线路施工管理规则篇》
4	实操项目	综合监控系统工作站操作

维修调度员推荐培训全自动特色内容见表7-5。

表7-5 维修调度员推荐培训全自动特色内容

序号	培训项目	全自动运行主要内容
1	全自动运营场景说明书	各场景下联动功能
2	运营规则说明书	各场景联动流程
3	全自动特色管理文本	《全自动运行特色管理文本—全自动运行线路差异性分析篇》《全自动运行特色管理文本—全自动运行线路行车组织规则篇》《全自动运行特色管理文本—全自动运行线路施工管理规则篇》
4	实操项目	信号工作站的操作、综合监控系统工作站操作

信息调度员（兼乘客调度员）推荐培训全自动特色内容见表 7-6。

表 7-6　信息调度员（兼乘客调度员）推荐培训全自动特色内容

序号	培训项目	全自动运行主要内容
1	全自动运营场景说明书	除 DCC 运作的场景均需掌握
2	运营规则说明书	控制中心工作职责，作业流程（包括行车调度员、设备调度员、信息调度员）
3	全自动特色管理文本	《全自动运行特色管理文本—全自动运行线路差异性分析篇》《全自动运行特色管理文本—全自动运行线路行车组织规则篇》《全自动运行特色管理文本—全自动运行线路施工管理规则篇》
4	行车闭塞方式	行车闭塞法转换时机、流程等
5	信号显示	综合监控系统远程操作功能，综合监控系统图元显示
6	列车驾驶模式	列车驾驶模式转换时机及流程
7	列车运作	司机基本作业流程
8	线路概况	线路休眠唤醒地点、走行路线
9	信号	信号系统基本原理、信号系统新增功能、联动、设备
10	列车情况	车辆系统新增功能，车辆设备结构与非全自动线路区别
11	机电设备	站台门系统对位隔离、间隙探测装置原理及使用时机
12	远程广播和乘客紧急呼叫的操作和使用规则	全自动运行的使用规则说明书
13	列车 PIS 功能介绍和使用规则	全自动运行的使用规则说明书
14	实操项目	综合监控系统工作站操作

7.2.2　站务人员

站务员推荐培训全自动特色内容见表 7-7。

表 7-7　站务员推荐培训全自动特色内容

序号	培训项目	全自动运行主要内容
1	全自动运营场景说明书	清客场景、车门隔离站台门场景、站台门隔离车门场景、再关门控制场景、区间疏散场景等
2	运营规则说明书	站务职责、清客作业流程、车门隔离站台门流程、站台门隔离车门流程、再关门控制作业程序、间隙探测装置使用时机及流程
3	全自动特色管理文本	《全自动运行特色管理文本—全自动运行线路行车组织规则篇》《全自动运行特色管理文本—全自动运行线路施工管理规则篇》
4	岗位职责	新增对位隔离使用流程、间隙探测装置使用流程、清客流程等
5	信号基础、通信基础	信号系统新增功能、联动、设备，信号系统允许信号开放条件、站台发车按钮、站台门对各隔离功能使用条件及影响

续上表

序号	培训项目	全自动运行主要内容
6	列车	列车驾驶模式判断、列车新增装置,列车与车站设备联动情况、线路休眠唤醒地点
7	车门、站台门、防夹探测	对位隔离使用流程及时机;站台间隙探测装置操作使用时机及流程、站台关门按钮操作使用及流程
8	行车组织规则、应急预案	全自动运行新增内容
9	实操项目	滑动门、应急门、站台门控制方式、站台门应急处置、乘客紧急通话按钮、客室紧急手柄、车门、站台关门按钮、紧急停车按钮、列车清人、站台间隙探测装置

值班员推荐培训全自动特色内容见表 7-8。

表 7-8 值班员推荐培训全自动特色内容

序号	课程名称	主要知识点
1	全自动运营场景说明书	清客场景、车门隔离站台门场景、站台门隔离车门场景、再关门控制场景、区间疏散场景等
2	运营规则说明书	站务职责、清客作业流程、车门隔离站台门流程、站台门隔离车门流程、再关门控制作业程序、SPKS 使用时机及流程、间隙探测装置使用时机及流程
3	全自动特色管理文本	《全自动运行特色管理文本—全自动运行线路行车组织规则篇》《全自动运行特色管理文本—全自动运行线路施工管理规则篇》
4	线路介绍	线路休眠唤醒地点
5	岗位职责	新增 SPKS 使用流程、对位隔离使用流程、间隙探测装置使用流程、清客流程等
6	IBP 盘	SPKS 表示及图元显示
7	综合监控系统	综合监控与车站设备联动情况,联动流程,联动后表示现象
8	综合监控系统操作基础与故障处理	本地综合监控系统操作图元意义、本地综合监控系统工作站操作手册
9	信号系统基础	信号系统基本原理、信号系统新增功能、联动、设备,信号系统允许信号开放条件、折返换端
10	行规	列车驾驶模式转换时机、行车指挥层级,运营期间及非运营期间施工组织流程(含 SPKS 使用时机及流程)
11	应急预案	站台紧急关闭、站台火灾等站务专业处置流程,区间疏散流程等
12	实操项目	站台门应急处置、站台门控制方式、电客列车、车门、乘客紧急通话按钮、客室紧急手柄、PIS、CCTV、广播系统、信号设备、站台关门按钮、紧急停车按钮、列车清人、IBP 盘信号模块、IBP 盘人员防护模块、IBP 盘站台门模块、综合监控系统基本操作、综合监控系统图标、综合监控系统常用操作

值班站长推荐培训全自动特色内容见表7-9。

表7-9 值班站长推荐培训全自动特色内容

序号	培训项目	全自动运行主要内容
1	全自动运行场景	清客场景、车门隔离站台门场景、站台门隔离车门场景、再关门控制场景、区间疏散场景等
2	运营规则说明书	站务职责、清客作业流程、车门隔离站台门流程、站台门隔离车门流程、再关门控制作业程序、SPKS使用时机及流程、间隙探测装置使用时机及流程
3	全自动特色管理文本	全自动运行线路行车组织规则篇、全自动运行线路施工管理规则
4	线路介绍	线路休眠唤醒地点、走行路线
5	岗位职责	新增SPKS使用流程、对位隔离使用流程、间隙探测装置使用流程、清客流程等
6	IBP盘	SPKS表示及图元显示
7	综合监控	综合监控与车站设备联动情况,联动流程,联动后表示现象
8	信号操作基础与故障处理	本地综合监控系统操作图元意义、本地综合监控系统工作站操作手册
9	信号系统基础	信号系统基本原理、信号系统新增功能、联动、设备,信号系统允许信号开放条件、折返换端
10	行规	列车驾驶模式转换时机、行车指挥层级,运营期间及非运营期间施工组织流程(含SPKS使用时机及流程)
11	应急预案	站台紧急关闭、站台火灾等站务专业处置流程,区间疏散流程等
12	实操项目	站台门应急处置、站台门控制方式、电客列车、车门、乘客紧急通话按钮、PIS、CCTV、广播系统、信号设备、站台关门按钮、紧急停车按钮、列车清人、IBP盘信号模块、IBP盘人员防护模块、IBP盘站台门模块、综合监控系统基本操作、综合监控系统图标、综合监控系统常用操作

7.2.3 乘务人员

电客车司机推荐培训全自动特色内容见表7-10。

表7-10 电客车司机推荐培训全自动特色内容

序号	培训项目	全自动运行主要内容
1	全自动运行场景	与列车运行相关的各场景联动触发条件和联动情况
2	运营规则说明书	运营规则说明书中对应的乘务作业流程、职责
3	全自动特色管理文本	全自动运行线路电客车司机操作规则
4	信号系统介绍	信号系统新增功能、联动、设备,允许信号开放条件等
5	车载信号操作	驾驶模式升级条件、列车显示屏表示意义

续上表

序号	培训项目	全自动运行主要内容
6	出退勤作业	出退勤作业流程、作业地点、交接班程序
7	整备作业	人工唤醒、休眠流程
8	车厂运作组织规则	车场全自动区域非全自动区域转线流程
9	区间作业	全自动运行故障处置
10	折返作业	全自动模式下折返换端流程、非全自动模式下折返换端流程、全自动折返换端过程中人工介入流程
11	洗车作业	全自动洗车流程
12	突发事件应急处置	对应场景文件中的应急场景处置流程
13	行车组织规则	行车指挥层级、进入/退出全自动运行的条件及时机
14	实操项目	列车基本操作、驾驶列车进出厂作业、驾驶列车正线作业、突发事件应急处理、与行调对话及广播标准用语、出退勤流程及注意事项、车辆屏/信号屏各图标显示意义、进/出场流程及注意事项、启用备用车/转为备用车流程及安全风险点、车场标准化作业程序(实践手指口呼)、正线标准化作业程序(主要有站台作业、折返作业、交接班作业等)、段场线路情况和设备设施、试车线进行驾驶训练、试车线进行救援演练、整备作业、车辆段进行转线、调车作业、列车洗车作业、标准化作业手势与用语、各种驾驶模式驾驶练习、站台门应急实际操作、事故汇报及处理、应急预案

7.2.4 设备维护人员

机电检修工推荐培训全自动特色内容见表 7-11。

表 7-11 机电检修工推荐培训全自动特色内容

序号	培训项目	全自动运行主要内容
1	全自动运营场景说明书	与站台门、间隙探测装置等有关的场景均需掌握
2	运营规则说明书	机电专业职责
3	全自动特色管理文本	《全自动运行线路差异性分析篇》《全自动运行线路行车组织规则篇》《全自动运行线路施工管理规则篇》
4	安全门系统	安全门系统与各设备接口及联动关系,与各专业接口方式及维护界面划分
5	PSC 控制系统	PSC 系统与各设备接口及联动关系,与各专业接口方式及维护界面划分
6	PSL 控制系统	PSL 系统与各设备接口及联动关系,与各专业接口方式及维护界面划分
7	IBP 控制系统	PSC 系统与各设备接口及联动关系,与各专业接口方式及维护界面划分,IBP 盘新增的关于全自动的按钮等(如 SPKS)

续上表

序号	培训项目	全自动运行主要内容
8	间隙探测原理介绍(新增)	全部功能
9	间隙探测维护(新增)	全部功能
10	对位隔离原理介绍(新增)	全部功能
11	实操项目	间隙探测保养与故障处置、对位隔离故障处置

自动化检修工推荐培训全自动特色内容见表7-12。

表7-12 自动化检修工推荐培训全自动特色内容

序号	培训项目	全自动运行主要内容
1	全自动运营场景说明书	与站台门、间隙探测装置等有关的场景均需掌握
2	运营规则说明书	自动化专业职责
3	全自动特色管理文本	《全自动运行线路差异性分析篇》《全自动运行线路行车组织规则篇》《全自动运行线路施工管理规则篇》
4	综合监控设备	综合监控与各专业的接口设置、接口功能、接口协议、接口报文分析;综合监控系统的结构及框架;综合监控系统软件机制、数据流、功能等
5	综合监控设备室设备维护及接口	综合监控使用维护手册,厂家提供
6	综合监控系统设备组成及功能原理	介绍与传统综合监控系统的区别及设备组成
7	综合监控系统与外专业接口原理	综合监控与各设备之间接口及连接方式
8	综合监控系统工作站操作讲解	综合监控工作站操作使用,综合监控图元介绍
9	实操项目	中心车站综合监控系统设备巡视、中心车站综合监控系统设备月度维护培训、中心车站综合监控系统设备季度维护培训、中心车站综合监控系统设备年度维护培训、综合监控系统工作站的拆装、综合监控系统接口故障判断与处置、综合监控系统网络故障判断与处置

信号检修工推荐培训全自动特色内容见表7-13。

表7-13 信号检修工推荐培训全自动特色内容

序号	培训项目	全自动运行主要内容
1	全自动运营场景说明书	与信号设备联动的有关场景均需掌握
2	运营规则说明书	与信号有关规则均需掌握
3	全自动特色管理文本	《全自动运行线路差异性分析篇》《全自动运行线路行车组织规则篇》《全自动运行线路施工管理规则篇》

续上表

序号	培训项目	全自动运行主要内容
4	联锁设备	全自动新增联动对联锁设备触发条件的影响
5	网络设备	信号系统与其他设备网络接口
6	中心设备	控制中心新增设备,与各专业的接口设置、接口功能、接口协议、控制中心系统的结构及框架等
7	车载设备	车载信号新增设备,与各专业的接口设置、接口功能、接口协议、车载信号设备的结构及框架等
8	轨旁设备	轨旁新增设备,与各专业的接口设置、接口功能、接口协议、接口报文分析;轨旁设备的结构及框架等
9	信号设备室设备维护及图元认知	室内新增设备,与各专业的接口设置、接口功能、接口协议、综合监控系统的结构及框架等
10	SPKS 功能及防护区域介绍(新增)	全部功能
11	信号系统与外专业接口原理	综合监控与各设备之间接口及连接方式
12	车门、站台门联动及对位隔离工作原理(新增)	全部功能
13	实操项目	CC 标准检修、CC 数据下载、车载 CC 设备更换及中心设备标准检修、信号室内设备标准检修、轨旁设备标准检修、中心设备巡视、信号室内设备维护、综合监控系统工作站操作、缺口监测设备使用及调整、LTE 系统、各设备重启、车门站台门联动故障排查

通信检修工推荐培训全自动特色内容见表 7-14。

表 7-14 通信检修工推荐培训全自动特色内容

序号	培训项目	全自动运行主要内容
1	全自动运营场景说明书	与通信设备联动的有关场景均需掌握
2	运营规则说明书	与通信有关规则均需掌握
3	全自动特色管理文本	《全自动运行线路差异性分析篇》《全自动运行线路行车组织规则篇》《全自动运行线路施工管理规则篇》
4	无线通信系统	新增远程广播、远程对讲功能,与各专业的接口设置、接口功能、接口协议、接口报文分析;系统的结构及框架;系统软件机制、数据流、功能等
5	PIS 系统	新增远程广播、远程对讲功能,与各专业的接口设置、接口功能、接口协议、接口报文分析;系统的结构及框架;系统软件机制、数据流、功能等
6	广播系统	新增远程广播、远程对讲功能,与各专业的接口设置、接口功能、接口协议、接口报文分析;系统的结构及框架;系统软件机制、数据流、功能等
7	闭路电视监控系统理论	新增视频调用,视频联动等,与各专业的接口设置、接口功能、接口协议、接口报文分析;系统的结构及框架;系统软件机制、数据流、功能等

续上表

序号	培训项目	全自动运行主要内容
8	SPKS 功能及防护区域介绍(新增)	全部功能
9	实操项目	无线通信系统、广播系统、闭路电视监控系统、PIS 系统、通信各系统故障应急处置

车辆工艺设备检修工推荐培训全自动特色内容见表 7-15。

表 7-15　车辆工艺设备检修工推荐培训全自动特色内容

序号	培训项目	全自动运行主要内容
1	全自动运营场景说明书	与段场设备联动的有关场景均需掌握
2	运营规则说明书	与段场设备有关规则均需掌握
3	全自动特色管理文本	《全自动运行线路差异性分析篇》《全自动运行线路行车组织规则篇》《全自动运行线路施工管理规则篇》
4	列车自动清洗机	洗车机新增功能，与各专业的接口设置、接口功能、接口协议、接口报文分析；系统的结构及框架；系统软件机制、数据流、功能等
5	库门(待定)	库门新增功能，与各专业的接口设置、接口功能、接口协议、接口报文分析；系统的结构及框架；系统软件机制、数据流、功能等
6	实操项目	全自动模式车库门、列车自动洗车机

车辆检修工推荐培训全自动特色内容见表 7-16。

表 7-16　车辆检修工推荐培训全自动特色内容

序号	培训项目	全自动运行主要内容
1	全自动运营场景说明书	与车辆联动的有关场景均需掌握
2	运营规则说明书	与车辆有关规则均需掌握
3	全自动特色管理文本	《全自动运行线路差异性分析篇》《全自动运行线路行车组织规则篇》《全自动运行线路施工管理规则篇》
4	车辆系统新增设备	如：障碍物和脱轨检测系统、休眠唤醒单元
5	车辆系统新增功能	如：唤醒、空调系统控制管理
6	接口	与各专业的接口设置、接口功能、接口协议、接口报文分析；系统的结构及框架；系统软件机制、数据流、功能等
7	实操项目	CCTV 录像的调取、在线查看方法、故障记录下载、客室门、空调、制动、CCTV 设备操作、应急处理、故障处理

其他无特殊变化的岗位培训内容见表7-17。

表7-17 其他无特殊变化的岗位培训内容

岗位名称	培训内容
AFC检修工、房建结构检修工、轨道检修工、接触网检修工、变配电检修工	全自动运营场景说明书、运营规则说明书、全自动特色管理文本

7.3 培训组织

根据各专业人员的来源不同,对全自动特色内容培训周期各有差异。根据不同时期的筹备工作任务,运营培训可分为三个阶段:一是核心骨干人员培训,培训后直接介入前期的设计工作;二是专业负责人培训,培训后负责各个专业的总体工作组织;三是运营骨干人员培训,培训后负责设计联络、规章制度编制及大批量员工培训工作。各专业人员到岗时间及职责见表7-18。

表7-18 各专业人员到岗时间及职责

序号	人员定位	到岗时间(截止日期)	到岗后工作职责	人数
1	核心骨干人员	开通前2年,各核心专业骨干人员到位,组建参与工程建设小组(共6人。调度、车辆、信号、综合监控、站台门、通信专业各1人)	1. 参加相关技术岗位招聘工作; 2. 参加外部培训; 3. 参加初步设计审查; 4. 参与用户需求书讨论; 5. 参与设计联络、合同谈判; 6. 组织编制内部与技术相关的各类规章制度; 7. 组织编制内部培训教材	6人
2	专业负责人	开通前18个月,各专业负责人到位(调度、乘务、站务、车辆、信号、通信、综合监控、机电、安全,其余专业负责人(4人)可以晚2个月左右到岗(运营支持、技术支持、票务管理、安保),共计13名专业负责人)具体专业需待组织架构明确后确定	1. 参加部门、中心人员招聘工作; 2. 组织编制部门、中心管理规章制度; 3. 参加外部培训、调研、考察; 4. 负责部门财务管理; 5. 负责建立部门安全管理、技术管理、生产管理体系	13人
3	运营骨干人员	开通前1年	参加设计联络、起草编制规章制度和技术文件、编制内部培训教材	90人

8　安全与应急管理

8.1　概　　述

全自动运行线路安全方面主要涉及独立第三方安全评估和应急预案两大方面。

独立第三方安全(含 RAM)评估应对全自动运行核心系统开展危害分析,对涉及安全的系统进行工程安全评估,同步进行 RAM 的管理。

应急预案分为专项应急预案和现场处置方案,重点在于涉及全自动内容的编制。

8.2　独立安全评估

8.2.1　独立安全评估介绍

独立第三方安全(含 RAM)评估(以下简称 ISA)在欧盟法令里是强制性要求,具体实施以现行《铁路应用:可靠性、可用性、可维护性和安全性规范与证明》(EN 50126)、《铁路应用:铁路控制和防护系统的软件》(EN 50128)、《铁路应用:安全相关电子系统》(EN 50129)为主。

我国自 2003 年北京 13 号线开始开展 ISA 国产化系统的推广开始逐步成熟。传统 CBTC 建设管理仅为信号专业开展基于风险的 RAMS 保障管理和 ISA。随着互联互通 CBTC 产生了互联互通 CBTC 评估,在重庆的互联互通项目中实施,评估范围为信号系统。ISA 为建设提供不可缺少的支持,使得流程标准化,风险闭环管理,风险控制措施更加完备。

全自动运行系统涉及专业众多,包括车辆、信号、通信、供电、机电等,而且各专业之间的接口更加复杂,联系更加紧密,亟需新的管理模式来解决系统顶层设计及综合联调联试的管理问题。采用全系统 RAMS 管理和评估方法主要为了提供以下支持:

(1)系统地识别出系统所有隐患及 RAM,以及对应的措施,以保证 RAMS 需求的完整性。

(2)系统性地对需求进行验证和追溯,以保证需求的上下衔接和实现的正确性。

(3)根据标准的技术要求规范所有厂家的实施技术要求,以达到统一的RAMS技术水平。

8.2.2 独立安全评估生命周期模型

由于自主化全自动运行系统涉及车辆、信号、综合监控、通信、站台门等多个专业,需要各专业密切联系才能实现安全、可靠运营。需开展适用于全自动运行要求的RAMS管理,不仅各个设备系统应进行RAMS管理,还应从全自动运行系统线路的层级进行整个系统的RAMS管理,系统生命周期参考《轨道交通 可靠性、可用性、可维修性和安全性规范及示例》(GB/T 21562)的定义。

在全生命周期包含需求、设计、生产、制造、安装、调试、运营内运用危害分析技术对系统层级和设备层级进行全过程的RAMS管理。生命周期各阶段RAMS管理活动如图8-1所示。

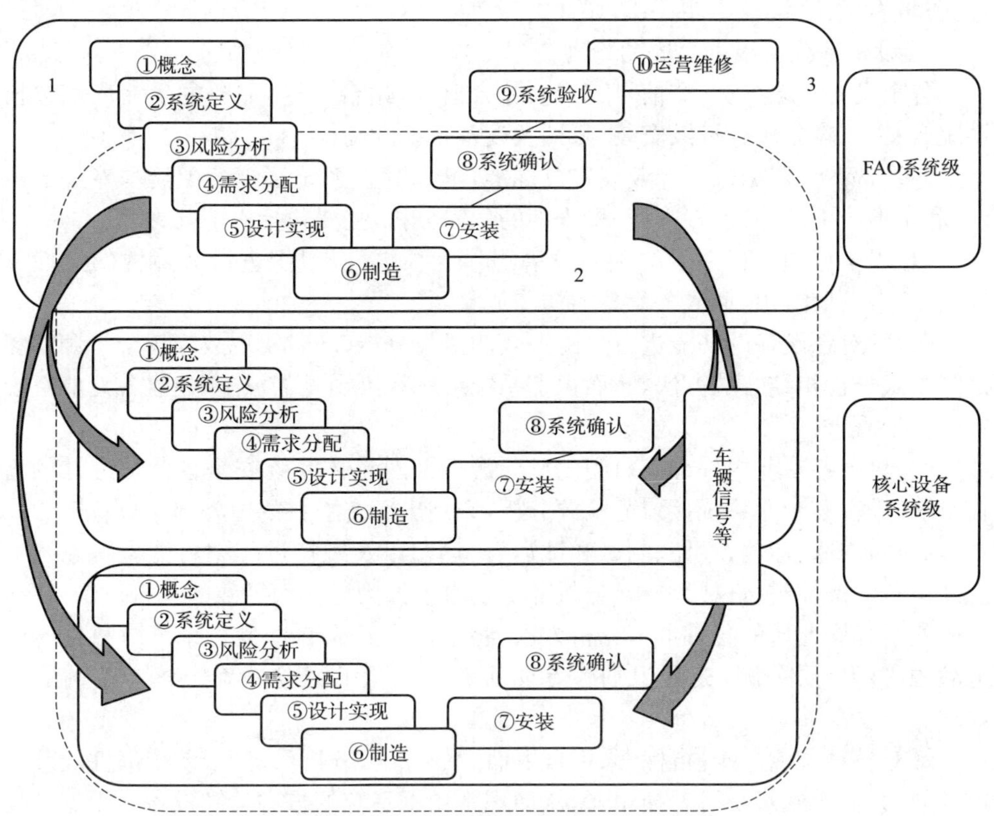

图8-1 生命周期各阶段RAMS管理

1. 系统层级需求分配

项目生命周期从系统层级的系统定义、风险分析、需求识别开始，经过需求分配，将系统层级的需求分配到各个设备系统层级的需求。

在项目初期，建设单位组织评估单位、设计单位、车辆、信号、站台门、通信等专业工程实施团队开展危害识别，基于以往的城市轨道交通经验及全自动运行场景与运营规则，识别全自动运行系统存在的顶层危害，包含但不限于：碰撞、脱轨、人员跌落、人员受困事故、车辆火灾事故、人员接触尖锐物体受伤、爆炸、人员在车上或车站内窒息、区间火灾事故、人员触电、水灾、人员被机械装置夹住等。

应对顶层系统危险源进行风险分析，确定全自动运行系统相关的危险源及其原因、后果。并提出分配到各设备层级的风险控制措施以及安全完整性等级要求，实现顶层危害的控制。

RAMS 需求的描述应完整、准确、无歧义、可验证、可测试且可维护，便于后续系统生命周期阶段活动理解、获取相关信息。需求描述可采用自然语言、形式化语言、逻辑表述、序列表述、因果图等方式。

2. 设备系统层级生命周期管理

各个设备系统层级（如信号、车辆、综合监控、站台门等）完整的生命周期包括系统定义、风险分析、设计、安装、测试及设备系统的确认。

各设备系统依据相关专业规定及标准，继承管理系统层级分配给本专业的需求，利用理论手段，开展多方面、多维度的危害分析，主要包括以下几方面：

（1）以全自动运行系统的顶层危害源作为顶事件，组织进行故障树的定性分析，分析潜在危险源，形成各设备的初步危险源。

（2）针对各设备的功能进行功能失效的风险分析，同时实现故障树分析和功能故障模式分析相结合的方法，从而识别系统级所有可预见的风险，建立各专业系统级的安全需求。

（3）对于各专业内外部接口间的危险源以及对整体系统安全运营可用性的潜在影响，进行各专业系统接口危险源分析，识别出所有潜在的内外部接口危害。

（4）对制造、运输、存储、测试和试运行、运营以及维护过程中可能影响系统安全及运营的条件进行风险分析，分析并识别由于人为操作而导致的危害。

通过开展上述的各种危害分析方法，将可能导致全自动运行系统事故发生的危险源进行层层分解，充分识别各专业所有可预见的风险并确定各专业的安全要求。

针对各系统 RAMS 指标，采用自下而上的方法，分析系统/子系统部件故障原因、影响并分析到最小可替换单元，从而识别各子系统的核心关键设备。根据部件可靠性参数和维护时长，进行 RAM 计算，判断系统整体的 RAM 指标能否满足。

各设备供货商应依据《轨道交通 可靠性、可用性、可维修性和安全性规范及示例》(GB/T 21562)、《轨道交通 通信、信号和处理系统控制和防护软件》(GB/T 28808)、《轨道交通 通信、信号和处理系统 信号用安全相关电子系统》(GB/T 28809)进行设备的研制、生产、安装、调试等工作。

对于 SIL3 和 SIL4 系统的安全关键软件,可采用形式化方法对安全性需求进行分析验证,并对所使用工具的安全性进行说明和举证。

3. 系统层级需求确认

将系统需求分配至各设备后,应通过室内集成测试、系统确认测试、样板段测试、试运行三个阶段的测试。在系统层级确认分配至各设备,且各设备的需求得到正确实现,实现系统层级与设备层级间安全需求和测试的双向追溯。

独立评估单位应通过对全自动运行系统全生命周期活动的检查,对全自动运行系统进行 RAMS 评估。对于已采用形式化方法验证的安全需求,经独立评估单位批准后,可以省去现场测试中重合的测试案例。

4. 运营阶段

运营方应对全自动运行系统的 RAMS 数据进行收集、统计,检验 RAMS 指标的满足情况。涉及全自动运行系统的变更、停用时,应进行风险分析、识别、控制风险。

8.2.3 独立安全评估范围

1. 评估范围考虑原则

评估范围由甲方/运营商根据项目特点确定,确定设备系统评估范围应考虑原则:

(1)全自动运行系统工程安全(含 RAM)评估活动宜开展系统级安全(含 RAM)评估活动。

(2)全自动运行系统工程安全(含 RAM)评估活动应开展设备级安全(含 RAM)评估活动,确定设备级评估范围应考虑下列原则:

①该设备系统是否对全自动运行系统的行车有直接安全影响。

②该设备系统虽然对全自动运行系统的行车无直接安全影响,但是该设备系统的可靠性或可用性对全自动运行系统的行车有直接影响。

③应对信号、车辆、站台门系统进行安全(含 RAM)评估,宜对综合监控、通信系统进行安全(含 RAM)评估。

④甲方/运营商认为需要评估的设备系统。

⑤评估范围设备的变更应开展该变更对工程特定运用,以及对其他评估设备接口影响安全(含 RAM)评估。

⑥安全(含 RAM)评估为工程特定应用评估,不包括通用产品和通用应用认证。

2. 评估建议范围

(1)全自动运行系统总体安全评估。

(2)车辆系统、信号系统、站台门系统、综合监控系统、通信系统的安全评估(含 RAMS)。

(3)核心设备系统相互间接口及系统集成的总体安全评估(含 RAMS)。

(4)车辆基地(车辆段、停车场)无人区安全防护方案的评估。

(5)核心设备系统工程建设安全管理体系(含 RAMS)的建立、风险分析。

3. 评估范围具体内容

依据标准、合同、设计等文件,对信号等核心设备系统、车辆基地无人区安全防护方案进行全生命周期内的安全评估,确保全自动运行系统达到标准要求及功能要求,并提供带有结论性、负责任的授权证书及报告。

评估信号、车辆、通信、综合监控、站台门等核心设备系统用户需求、合同谈判、设计相关的安全工作,直至最终设计,评估信号等核心设备系统与建设、出厂验收、安装、试验、测试/调试、外场测试、验收、系统联动测试、试运行、开通、初期全部列车完全交付运营等阶段有关的安全评估工作。

评估信号、车辆、通信、综合监控、站台门等各系统间的集成、互联等接口安全管理,确保系统间的接口危害识别和危害分析包含了系统/设备及接口危害消除、控制或减轻等内容,确保实现系统接口标准要求、功能要求。

依据标准、合同、设计等文件,对车辆基地无人区安全防护方案进行安全评估工作,实现车辆基地(车辆段、停车场)满足全自动运行模式下的安全运行要求,至车辆基地无人区安全防护的安全评估工作结束为止。

为信号、车辆、通信、综合监控、站台门等核心设备系统按照线路分别建立一整套安全管理体系(含 RAMS)并进行风险分析,形成包含所有设备系统的系列安全管理文件和风险分析文件,指导各供应商、承包商、集成商建立 RAMS 管理体系。

8.2.4 独立安全评估阶段

独立安全评估一般划分为五个阶段:制定各核心系统评估计划阶段、单车动车调试授权阶段、空载跑图试运行授权阶段、初期运营前授权阶段、最终授权阶段。独立安全评估各阶段授权应涵盖内容见表 8-1。

表 8-1 独立安全评估各阶段授权应涵盖内容

范围	目的	系统级特定应用	信号系统特定应用	车辆系统特定应用	站台门系统特定应用	综合监控系统特定应用	通信系统特定应用
车辆基地(含无人区)	投入使用	车辆基地(含无人区)授权	信号系统车辆基地(含无人区)开通授权	根据工程实际及甲方要求	根据工程实际及甲方要求	综合监控系统车辆基地(含无人区)开通授权	通信系统车辆基地(含无人区)开通授权
样板段(如有)(含试车线、车辆段、停车场)	单车动车	根据工程实际及甲方要求	信号系统联锁功能开通,允许单车动车调试授权	车辆系统设计阶段评估报告	根据工程实际及甲方要求	根据工程实际及甲方要求	根据工程实际及甲方要求
	多车动车	根据工程实际及甲方要求	信号系统允许多车动车调试授权	车辆系统允许多车动车调试授权	根据工程实际及甲方要求	根据工程实际及甲方要求	根据工程实际及甲方要求
	联调	样板段联调授权	信号系统允许系统联调授权	车辆系统允许系统联调授权	站台门系统允许系统联调授权	综合监控系统联调授权	通信系统联调授权
全线(含试车线、车辆段、停车场)	单车动车	根据工程实际及甲方要求	信号系统联锁功能开通,允许单车动车调试授权	车辆系统允许单车动车调试授权	根据工程实际及甲方要求	根据工程实际及甲方要求	根据工程实际及甲方要求
	多车动车	根据工程实际及甲方要求	信号系统允许多车动车调试授权	车辆系统允许多车动车调试授权	根据工程实际及甲方要求	根据工程实际及甲方要求	根据工程实际及甲方要求
	全线联调	全线联调授权	信号系统允许系统联调授权	车辆系统允许系统联调授权	站台门系统允许系统联调授权	综合监控系统联调授权	通信系统联调授权
	全线试运行	系统级全线试运行授权	信号系统全线试运行授权	车辆系统全线试运行授权	站台门系统全线试运行授权	综合监控系统全线试运行授权	通信系统全线试运行授权
	全线初期运营	系统级全线载客试运营授权	信号系统全线载客试运营授权	车辆系统全线载客运营授权	根据工程实际及甲方要求	根据工程实际及甲方要求	根据工程实际及甲方要求
	初期运营满2年	系统级全线正式运营授权	信号系统全线正式运营授权	车辆系统全线正式运营授权	根据工程实际及甲方要求	根据工程实际及甲方要求	根据工程实际及甲方要求

独立安全评估各阶段具体工作要求见表 8-2。

表 8-2 独立安全评估各阶段具体工作要求

序号	工作内容	工作要求(包括但不限于以下内容)	重点事项	难点事项
1	项目部建设及项目部管理	1. 项目建立后一个月内应完成以下工作,并在合同履行期间持续执行 1.1 制定项目管理实施细则,至少包括:人员配置管理及职责、问题落实管理、工作汇报管理、成果提交管理、成果文件内部审核流程管理、质量把控管理、评估资料管理等,并报甲方审核同意后执行 1.2 项目部工作计划。项目部应根据甲方要求编制月度、季度或年度工作计划,工作计划应详细、含时间节点、重难点工作及保障措施;并根据工程最新进度及时调整工作计划,确保评估工作按时、保质完成且不影响工程进度 1.3 项目部资料归档,要求将考勤、工联单、成果等分类装进档案盒并放在文件柜内,档案盒应建立标签进行分类,具体根据甲方要求执行 1.4 项目部工作沟通。项目部应积极协调处理评估工作中出现的有关问题,并从标准、规范等角度进行充分解读 1.5 项目部工作汇报:评估单位工作汇报原则上应编制汇报材料。上会材料要突出重点工作,有具体方案作为支撑 2. 项目部及项目部管理中乙方重复出现的问题,将纳入合同履约评价中,必要时在后续支付中扣除一定金额作为处罚	1. 项目部工作计划; 2. 项目部资料归档	项目部资料归档
2	人员	1. 项目部人员应稳定,年度人员变更率(含离职)不得超过10%,否则按照合同有关约定的双倍进行考核 2. 项目部人员配置、工作方式应满足合同要求 3. 项目部人员离开项目部所在地按照合同及甲方要求进行报备,未报备的按照合同约定进行处罚	人员配置	人员稳定率
3	场景文件分析	1. 关注场景文件安全功能以及实现方式、关注场景文件版本 2. 在收到甲方提供的场景文件后2个月内出具场景文件危害分析报告	场景文件版本	场景文件危害分析报告
4	信号等核心系统用户需求审核及建议	评估单位应对信号等核心系统用户需求进行审核,并结合本线路特点、标准规定、自身经验提出建设性建议,并做好各类意见的跟踪、落实。包括不限于以下内容: 1. 信号等核心系统内哪些子系统需开展评估工作及相关要求 2. 信号等核心系统开展评估工作需依据的《铁路应用:可靠性、可用性、可维护性和安全性规范与证明》(EN 50126)、《铁路应用:铁路控制和防护系统的软件》(EN 50128)、《铁路应用:安全相关电子系统》(EN 50129)等标准 3. 信号等核心系统安全完整性等级要求 4. 甲方要求增加的其他内容	1. 用户需求进行审核; 2. 信号等核心系统安全完整性等级要求	信号等核心系统安全完整性等级要求

续上表

序号	工作内容	工作要求(包括但不限于以下内容)	重点事项	难点事项
5	信号等核心系统评估需求	评估单位进场后,应当针对各评估系统编制评估需求,使供应商能够第一时间了解需配合开展的工作,评估需求包括不限于以下内容: 1. 对供应商提交资料的时间节点、交叉接受原则等工作要求 2. 需供应商配合提交的文件类别清单 3. 依据自身经验总结的供应商经常出现的典型问题 4. 甲方要求增加的其他内容	1. 编制评估需求; 2. 需供应商配合提交的文件类别清单	编制评估需求
6	信号等核心系统合同谈判、设计联络	评估单位应及时参加信号等核心系统合同谈判、设计联络,并结合本线路特点、标准规定、自身经验提出建设性建议 1. 评估单位至少应在会议召开前一天将合同谈判、设计联络重点事项向甲方书面反馈,确保重点环节无遗漏,必要时向甲方进行交底 2. 评估单位应将甲方各系统用户需求书中不足处,在此会议上进行反馈并力争留存有效记录	参加信号等核心系统合同谈判、设计联络,并结合本线路特点、标准规定、自身经验提出建设性建议	—
7	制定本线路整体性评估计划及信号等核心系统评估计划	1. 评估单位应根据合同要求编制本线路整体性评估计划,并根据整体性评估计划编制信号等核心系统评估计划 2. 评估单位编制的合同计划至少包含以下内容: 2.1 工作计划应详细,含时间节点、重难点工作及保障措施 2.2 评估计划中应包含评估文件清单,文件清单应细化至通用应用级或产品级文件名,不得仅列举上层文件类别名	评估单位应根据合同要求编制本线路整体性评估计划,并根据整体性评估计划编制信号等核心系统评估计划	文件清单应细化至通用应用级或产品级文件名
8	需长期执行工作要求	1. 评估单位建立评估问题台账,记录周总结提出存在问题,包括全自动运行评估各类问题,明确问题解决措施,持续更新进度形成闭环管理 2. 项目部要结合项目自身特点明确内部分工,明晰各管理人员及员工工作职责,项目经理要严格认真履职,切实担负起项目部管理职责,各项工作安排要定责任人、定工作方法、定工作标准、定工作时限,确保项目运转事事有人管、事事有人负责 3. 评估单位应发挥主观能动性,在参加的各类会议上积极提出评估建议或指出安全相关性问题,必要时评估单位须每周跟进需合同主办部门协调各类问题的进度,以确保评估相关工作得到有效落实 4. 评估单位增强发现敏感问题的能力,对于项目开展中遇到的未确定的事宜,应提前考虑;对影响项目工作开展的问题积极协调设备厂家并及时反馈合同主办部门,不得影响整体工作进度	1. 评估单位建立评估问题台账; 2. 形成具有本项目特色的全自动运行评估成果	积极协调设备厂家并及时反馈合同主办部门,不得影响整体工作进度

续上表

序号	工作内容	工作要求(包括但不限于以下内容)	重点事项	难点事项
8	需长期执行工作要求	5. 评估单位要思考工作量与工作成果的展示形式,在进行工作汇报时,应明确评估单位的工作成绩;审查文件应说明审查的内容、审查点及审查成果 6. 评估单位要做到主动作为,根据合同梳理重要工作时间节点,从重要节点出发提前规划评估工作进度,重要工作及时汇报;对甲方提出的相关意见要虚心接受并落实到位,把工作做实做细,切实发挥评估单位作用 7. 评估单位在依靠自身评估经验和借鉴国内同行全自动相关先进做法的基础上,要融合本项目特点,形成具有本项目特色的全自动运行评估成果。同时创新工作汇报、成果展示的方式方法,高质量开展评估工作 8. 评估单位提报全自动运行评估相关文件时,按照"起草—校核—审批—盖章发送"的流程进行,其中校核人要求为公文格式负责人,审批人要求为项目经理。评估单位提交成果文件时注意发送文件版本号,文件要有文件修订说明,包括流转意见、文件修订情况及下一步工作建议	1. 评估单位建立评估问题台账; 2. 形成具有本项目特色的全自动运行评估成果	积极协调设备厂家并及时反馈合同主办部门,不得影响整体工作进度

8.2.5 独立安全评估各核心系统指标要求

应依据客运安全性和正点率需求,考虑线路规划、设计的限制条件,结合同类型设备的历史运行表现,制定 RAMS 目标、功能、性能、服务性 RAMS 要求。采用科学的方法,将 RAMS 指标分配至设备,并对最终的 RAMS 要求分配方案进行论证,以保证 RAMS 要求的科学、合理、明确、可考核。

可靠性目标宜为任务可靠性,即设备在规定的任务剖面内完成功能的能力。宜明确规定设备的任务和任务的完成程度,明确设备的一般和最差工作条件。

维修性要求的确定需要明确维修责任主体,考虑设备维护单位的技术条件、人力配备和人员资质因素的影响。维修性要求包括定性维修性要求和定量维修性要求。定性要求涵盖了广泛的设计要求,包括检测诊断、可达性、通用性、维修安全等,需要在系统设计阶段系统性识别。定量要求应充分考虑到场时间、进场手续和维修人力等方面的限制条件。

(1)安全性指标

①ATP、CI、列车检测装置涉及安全的功能应达到安全完整性等级 SIL4 级;

②ATO、ATS 系统涉及安全的功能应达到安全完整性等级 SIL2 级;

③车辆系统涉及安全的功能应达到安全完整性等级的要求见表 8-3;

表 8-3 车辆系统涉及安全的功能应达到安全完整性等级的要求

序号	子系统名称	SIL 等级
1	机械制动系统	紧急制动 4 级 常用制动 2 级 防滑控制 2 级
2	车门控制系统	2 级

④综合监控系统涉及安全的功能宜达到安全完整性等级 SIL2 级；

⑤站台门系统涉及安全的功能安全完整性等级应不低于 SIL2 级。

各主要核心设备系统安全完整性等级要求见表 8-4。

表 8-4 各主要核心设备系统安全完整性等级要求

系　　统	子系统	SIL 等级
车载信号系统	车载 ATP	SIL4
	车载 ATO	SIL2
	BTM	SIL4
车载防撞系统	—	SIL2
联锁	含 LEU	SIL4
ATS	—	SIL2
牵引	—	SIL2
制动	紧急制动列车级功能	SIL4
	紧急制动转向架级功能	SIL3
	车辆防滑保护功能	SIL2
	常用制动功能	SIL2
列车网络控制	—	SIL2
车门	—	SIL2
站台门	—	SIL2
计轴/轨道电路	—	SIL4
应答器	—	SIL4

(2)RAM 指标

①ATS 设备的平均故障间隔时间：MTBF≥2.5×10^4 h。

②车载 ATP、ATO 设备的平均故障间隔时间：MTBF≥1.5×10^5 h。

③ZC、DSU 设备的平均故障间隔时间：MTBF≥2.5×10^5 h。

④CI 设备的平均故障间隔时间：MTBF≥1.5×10^5 h。

⑤车地无线通信系统的 MTBF 应大于 8×10^4 h，系统、系统可用性应大于

99.99%，MTTR应不超过30 min(不包括路途上的时间)。

⑥车辆的RAMS性能遵循《轨道交通　可靠性、可用性、可维护性和安全性规范及示例》(GB/T 21562)中的有关要求，实施RAMS技术和管理，车辆的RAMS需满足的要求见表8-5。

表8-5　车辆的RAMS需满足的要求

序号	RAMS	指　　标
1	服务故障1	每列车平均无故障时间不小于6 000 h
2	晚点故障2	每列车平均无故障时间不小于4 500 h
3	碎修、列检故障3	每列车平均无故障时间不小于200 h

注：1　服务故障：列车不能继续维持商业运营或对商业运营造成较大影响的故障，包括：救援、掉线、未出库。

2　晚点故障：列车因故障在线路上停车时间大于2 min，对商业运行造成较大影响。

3　碎修、列检故障：车辆运营中出现的车辆故障及检修人员检查中发现的故障。

8.2.6　独立安全评估管理要点

(1)建设单位：负责提出工程项目总体系统保障要求，以及对各系统集成商、供应商(如有)、设计单位、监理单位、施工单位以及评估公司的系统保障工作进行监督管理。

(2)招标阶段：评估核心设备系统集成商在全生命周期内的安全相关工作是否符合欧洲EN 5012x系列标准的适用要求，以及在每个阶段所采用的方式、方法是否能达到预期目的，对应本工程各工期里程碑节点，投标人应出具独立第三方安全评估机构对投标人系统(正线、车辆段/停车场、试车线)出示的相关系统工程各里程碑节点带有结论性的、负责任的、可以进入下一阶段的评估报告和授权证书。

(3)系统集成商：在整个生命周期中，系统集成商时刻贯彻安全意识，进行安全(含RAM)管理，每个阶段都要有详细的工作计划和考核标准。在生命周期的各个阶段应按照计划开展相应工作，每一个阶段经过验证之后才能进入下一阶段工作。每个阶段都应有详细的文档记录。

(4)运营单位：在建设期，根据运营需求对设备系统招标、设计联络、厂验、验收等阶段提出运营要求。在运营期负责运营维修，在运营维修、性能监控、变更三个方面进行设备系统安全保障活动。

8.2.7　独立安全评估招标方式

招标可分为甲方单独招标与系统厂家招标两种方式，甲方单独招标与系统厂家招标两种方式对比分析见表8-6。

表 8-6　甲方单独招标与系统厂家招标两种方式对比分析

序号	对比项	甲方单独招标	系统厂家招标(以信号为例)
1	安全评估独立性	安全评估单位与各系统厂家不存在合同关系,相互独立	安全评估单位作为系统厂家的乙方,安全评估的独立性和有效性无法保证
2	协调工作量	统筹协调各系统厂家配合安全评估单位完成评估工作	统筹协调各系统厂家配合信号厂家完成安全评估工作
3	管理工作	甲方独立管理全自动运行系统安全评估单位,对安全评估管理经验不足	甲方委托信号厂家管理安全评估单位

甲方独立招标能保证 ISA 工作的独立性和有效性,由 ISA 牵头管理各个专业,工作更有成效;由信号牵头的方式,因为其他厂家和信号不存在合同关系,实际工作还是需要甲方协调,因此并没有减少工作量,同时 ISA 是信号的乙方,又审核信号的内容,会对 ISA 的工作有一定的干扰。

因此建议采用甲方单独招标 ISA 的方式。

8.3　安全及应急管理

8.3.1　安全应急管理差异

1. 全自动运行系统安全管理难度差异

(1)系统功能增加使管理难度增加

全自动运行系统建立在 CBTC 系统架构之上,各专业具备高度自动化水平、系统之间集成度高,相较于传统的 CBTC 系统,新增加的设备及功能使管理难度加大。全自动运行系统增加功能及作用见表 8-7。

表 8-7　全自动运行系统增加功能及作用

序号	新增功能	作　用
1	运营人员防护功能	在车站及车辆段增设人员防护开关,对进入正线及车场自动化区域人员进行安全防护
2	乘客防护功能	对乘客上下车及车内安全进行防护
3	ATP 的防护范围扩大	车辆段自动化区域内列车运行进行 ATP 防护
4	轨道障碍物检测功能	车上加装障碍物检测器实现轨道障碍物检测功能
5	各个系统联动功能	如火灾情况下,通风、行车、供电、视频、广播的联动等

从另一个角度看,全自动运行系统削弱了部分车站功能,因此需加强调度指挥中心的控制能力,对列车的全自动运行进行全面监控,细化各设备系统的监测与维护调度,完善远程面向乘客的服务。控制中心要集合车辆调度及乘客调度,实现车

辆远程控制、状态监控及乘客服务的功能。控制中心新增综合维修调度，实现供电、机电、信号、车辆的维护调度功能。

(2)系统复杂性和耦合性增加使管理难度增加

全自动运行系统复杂性来自多个方面，例如交互复杂性（系统内部交互、系统与外部人员或物体交互）、分解复杂性（系统的结构分解与功能分解不一致）和非线性复杂性（原因和结果之间的关系不直接或不明显）。

传统的安全分析方法基于事件间的直接线性因果关系，后置事件发生的必要条件是必须发生前置事件并具备相应的后续条件：如果事件 A 还没有发生，那么其后的 B 事件也不会发生，几乎不可能描述非线性关系。而在全自动运行系统中，这种线性因果关系很难表现出事件间联系，例如系统组件出现故障时，系统功能不一定失效；而系统功能失效也不一定是由组件失效引发的。事实上，他们之间存在某种因果关系，只是难以通过线性因果关系事件链来描述。同时，传统的系统仅由电子元件组成，可以简单高效地实现解耦、独立分析。若针对全自动运行系统进行简单地按照结构进行分解分析，可能会遗失系统内部子系统或模块间的交互信息，从而在系统安全层面出现隐患。

(3)人与自动化系统之间的关系使安全分析更趋于复杂

在全自动运行系统中，运营操作人员正在与系统分享越来越多的系统控制权，使用自动功能或其他防护措施来替代在传统系统中司机和其他职员功能。人与机器之间不恰当的交互逐渐成为导致事故的主要原因之一，一旦系统与人员组织出现不安全的交互行为，就可能出现故障或缺陷、造成行车中断，甚至对乘客人身安全构成威胁。但是目前的安全技术不能应对这些新型错误。作为一个复杂的社会技术系统，融合人员、技术设计或组织管理等诸多因素在系统内交互运行，系统显现出繁冗复杂的非线性特性。站务员、司机、调度员乃至乘客由原来的控制角色向系统监控与信息反馈角色转换，需要一种新的分析方式（例如主要应用于航空航天领域的 STAMP 理论与 STPA 方法），可以针对某个运营情况或场景下，全自动运行系统参与工作设备与系统边界内有关人员交互行为，进行全面流畅的分析，而不是像传统方法一样分解为孤立的对象。

2. 全自动运行系统风险分析与防控差异

全自动运行系统风险分析与防控跟传统 CBTC 运行系统不同之处，在于全自动运行系统运营场景、运营模式发生变化，对应相关的系统之间的联动、运作流程、岗位职责等都随之发生变化。例如列车具备自动唤醒与休眠功能；全自动载客运行过程中（区间运行、站台作业）取消司机操作；段场内调车、洗车作业由系统自动完成；车站、运营线路发生火灾时各系统联动功能；控制中心增设乘客调度直接面对车上乘客等。

根据以上各方面变化，基于现有的安全管理体系，从危险源辨识入手，以全自动运行系统新增或变化功能、岗位作为重点关注点，对已辨识出的风险点进行分级，从而相应地进行安全风险分析以及防控措施制定。

8.3.2 文件编制

根据全自动系统安全风险防控经验，需要编制《全自动运行系统模式下安全风险分析与防控》文件，文本中包括但不限于以下内容：

(1)全自动模式下列车运行与司机、作业人员、乘客冲突的风险。

(2)列车障碍物检测功能失效的风险。

(3)无人驾驶工况下组织乘客疏散的风险。

(4)恐怖袭击下系统运行的风险。

(5)自然灾害或极端气候条件下系统运行的风险。

(6)造成乘客伤亡的风险。

防控过程，以全自动运行过程中站台门/车门夹人夹物为例：

(1)在全自动运行模式下，列车在站台作业过程中站台门/车门发生夹人夹物情况时，由于无司机进行瞭望，此情况下乘客人身安全风险增高。我方将从“人、物、环、管”各方面对此风险进行分析，基于甲方现有的安全管理体系以及线路特点，通过安全风险评价方法分析其风险级别，布置防控重点。

(2)根据全自动运行过程中站台门/车门夹人夹物风险分析结果，包括各系统功能、各专业之间配合职能分工特点，对应从“人、物、环、管”各方面采取措施进行防控，例如：

①“人”方面，加强站台岗位瞭望职责，对该岗位人员安全意识进行系统培训，必要情况下可以增加岗位人数；加强对乘客组织工作，对其上下车进行有序引导。

②“物”方面，建议在车门、站台门之间增加间隙探测系统，并将其接入安全回路中，当发生夹人夹物情况时，该系统工作使列车无法发车，降低风险；站台增设紧急停车按钮，保证事故发生第一时间阻止列车发车；车门、站台门均设置防夹功能，事件处理过程中具有相应的操作流程。

③“环”方面，加强乘客候车文明建设，营造良好的候车氛围，降低因抢上抢下导致夹人夹物的风险。

④“管”方面，加强岗位员工风险意识管理，并制定定期检查评估计划，保持员工安全警惕性。

8.3.3 专项应急预案建议清单

专项应急预案建议清单见表 8-8。

表 8-8　专项应急预案建议清单

序号	预案名称
1	通信故障专项应急预案
2	AFC 系统大面积故障专项应急预案
3	轨道线路故障专项应急预案
4	车站照明故障专项停电应急预案
5	列车挤岔专项应急预案
6	列车冲突专项应急预案
7	信号故障专项应急预案
8	道岔故障专项应急预案
9	接触轨供电故障专项应急预案
10	电扶梯故障专项应急预案
11	列车脱轨专项应急预案
12	列车分离专项应急预案
13	列车救援专项应急预案
14	异物侵入限界专项应急预案
15	错开车门专项应急预案
16	夹人(物)走车专项应急预案
17	施工工器具遗留区间专项应急预案
18	突发大客流专项应急预案
19	车站内拥挤踩踏专项应急预案
20	区间疏散专项应急预案
21	车站内火灾专项应急预案
22	列车区间火灾专项应急预案
23	列车在车站火灾专项应急预案
24	运营线区间火灾专项应急预案
25	运营线周边火灾专项应急预案
26	车辆段火灾专项应急预案
27	防汛专项应急预案
28	恶劣天气专项应急预案
29	雪天专项应急预案
30	生化恐怖袭击专项应急预案
31	爆炸事件专项应急预案
32	劫持列车专项应急预案
33	车站发生劫持人质专项应急预案

9 初期运营前安全评估

9.1 基本要求

2013 年，依据《城市轨道交通试运营基本条件》(GB 30013—2013)，明确省级交通运输主管部门(或委托市交通局)组织第三方专业机构对新开通线路，开展试运营基本条件评审。符合条件的方可开展载客试运营。同时要防止条件不具备或存在安全隐患备载客运营。

2018 年，先后出台的《国务院办公厅关于保障城市轨道交通安全运行的意见》(国办发〔2018〕13 号)、《城市轨道交通运营管理规定》(交通运输部令 2018 年第 8 号)，明确指出“城市轨道交通工程项目验收合格后，由城市轨道交通运营主管部门组织初期运营前安全评估。通过初期运营前安全评估的，方可依法办理初期运营手续”。

2019 年 1 月 29 日、2 月 1 日，交通运输部分别印发《城市轨道交通初期运营前安全评估管理暂行办法》(交运规〔2019〕1 号)及《城市轨道交通初期运营前安全评估技术规范　第 1 部分：地铁和轻轨》(交办运〔2019〕17 号)，进一步明确了开通评估的程序及技术要求。

2022 年 7 月 1 日，交通运输部发布“关于修订《城市轨道交通初期运营前安全评估管理暂行办法》的通知”，在“第三章实施要求第八条‘城市轨道交通工程项目符合上述前提条件，开展初期运营前安全评估的，由城市轨道交通建设单位(以下简称建设单位)会同运营单位提交下列材料’第三款中增加‘工程项目防洪涝专项论证报告等材料’”，并删除“有效期 3 年”，为后续新线开通评估的程序及技术要求定下基调。

2023 年 3 月 17 日，《城市轨道交通运营安全评估规范　第 1 部分：地铁和轻轨》(GB/T 42334.1—2023)发布实施，以国家标准的形式对初期运营前安全评估进行了明确要求。

2023 年 8 月 22 日，《城市轨道交通运营安全评估管理办法》(交运规〔2023〕3 号)发布实施，正式确认初期运营前安全评估管理办法，明确最终新线开通程序及技术要求。

2023 年 10 月 10 日，《城市轨道交通初期运营前安全评估规范》(交办运

〔2023〕56 号)发布实施,对《城市轨道交通初期运营前安全评估技术规范　第 1 部分:地铁和轻轨》(交办运〔2019〕17 号)做了进一步的完善与补充。

但随着城市轨道交通行业的快速发展,全自动运行技术得到快速推广应用。交通运输部印发的《城市轨道交通初期运营前安全评估规范》(交办运〔2023〕56 号)及《城市轨道交通运营安全评估规范　第 1 部分:地铁和轻轨》(GB/T 42334.1—2023)主要针对的是传统线路,不包含全自动运行相关技术要求,国内目前也尚未发布通用的全自动运行线路初期运营前相关安全评估规范,缺少全自动运行线路初期运营前安全评估相关的标准和程序要求。个别城市也通过自身全自动运行线路的功能设计、架构改革、人员培训等方面与传统线路的差异,分别以交通局批复、发布团体标准、发布地方标准等手段对本城市全自动运行线路初期运营前安全评估的技术要求进行明确。

9.2 特色事项

(1)全自动运行场景验证报告

针对全自动运行系统功能测试验证,可参照《城市轨道交通全自动运行系统功能测试验证指南 V1.0》和全自动运行系统运营场景说明书为依据。综合本线路全自动运行系统功能情况,应组织开展全自动运营场景验证测试,并编制全自动运行场景验证报告,报告可以以系统联调报告的一部分作为初期运营前安全评估的依据。

(2)现场全自动运行功能测试

评估期间针对系统功能、设备联动情况是否符合规范要求、设计要求,专家组会根据提供的测试报告,按照采信/抽查检验两种方式进行确认,一般会抽取部分项目进行现场测试。全自动运行线路中全自动功能测试也将作为现场测试的一部分由专家组进行抽测。

系统测试的目的不仅是检验设备系统的功能是否满足地铁运营的要求,更是检验运营人员对设备应用和操作的熟练程度、突发事件处置能力,也就是人机联动的效果。因此,系统统测试方案的制定应该与操作程序一致,与应急预案的处置程序和方法一致。现场系统测试应该完全按照实际发生的各种工况或场景进行处置。

9.3 相关程序

新线初期运营前安全评估组织主要分为前期准备与现场实施两大阶段。

9.3.1 前期准备阶段

前期准备阶段主要包括评估单位确定、材料准备、会务准备、现场踏勘准备。

(1)评估单位确定

《评估管理办法》第三条明确，城市轨道交通所在地交通运输主管部门或城市人民政府指定的城市轨道交通运营主管部门负责组织初期运营前安全评估。

建议初期运营前向城市轨道交通运营主管部门提交确认评估单位的请示，后续需确定工程概况并协助完成评估用户需求书编制(需重点关注甩项工程的描述)。评估单位确定后，进一步与评估单位对接后续准备工作。后续需编制《前提条件符合性资料汇编》(8 项前提条件)，于正式评估前提交至城市轨道交通主管部门。

(2)材料准备

评估资料主要分为两部分：一是装袋资料，二是集中审查资料。

装袋资料主要方便专家在评估开始前对线路的建设、运营及对标情况有基本了解，提升后续评估工作效率。装袋资料通常包括“试运行情况报告”“初期运营准备情况报告”“建设情况报告”等。

集中审查资料主要方便专家分组查阅线路相关文件原件，审查的内容主要包括各类批复、专项验收文件、各项测试报告等。在集中审查资料期间因问价数量及审查人员较多，容易出现混乱的情况。为便于查阅和管理，可安排专人负责并提前制订文件清单，并在查阅时做好登记。

(3)会务准备

充分评估单位对接后确定最终的会议酒店，可从整体协调、资料准备、后勤保障、应急医务等角度成立若干工作小组，全方位确保会议期间会务组织有序。

(4)现场踏勘准备

现场踏勘是评估期间最为核心的环节之一，前期需与评估单位充分对接，提前确定踏勘要求，尽量减少现场踏勘的随机性。

前期重点与评估单位对接以下内容：

①整体工作安排，包含评估时间、组织流程等内容(安排踏勘及测试流程)。

②现场踏勘专家分组及各专业组需要检查站点的数量、类型(制定踏勘路线)。

③是否有必看站点的要求(减少路线随机性)。

④前期对接情况基本稳定后，重点从路线、人员、交通三大方面考虑，制定详细的踏勘计划。

9.3.2 现场实施阶段

现场实施阶段主要包括专项培训及现场进度检查、预检查及正式评估、问题整改及复核。

(1)专项培训及现场进度检查

组织初期运营前安全评估专项培训及现场进度检查。主要目的是明确评估依据、现场发现影响评估的问题、提前对接预检查准备情况。

由评估单位代表对相关单位人员进行培训，旨在重点提醒建设、运营单位，提高重视度，就现场发现的问题提前向地铁公司提出建议。

(2)预检查及正式评估

一般于初期运营前 2 个月开展初期运营前安全评估预检查，前 1 个月开展正式评估，需提前与评估单位确定具体流程，初期运营前安全评估具体流程如图 9-1 所示。

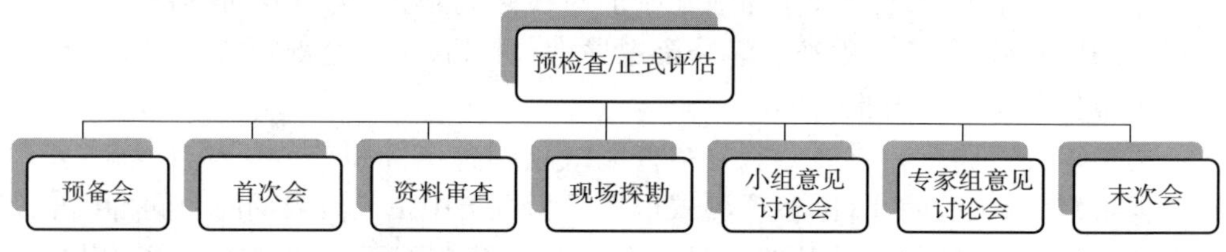

图 9-1　初期运营前安全评估具体流程

预检查与正式评估流程类似，重点环节分为预备会、首次会、资料审查、现场踏勘、小组意见讨论会、专家意见讨论会、末次会，评估完成后出具安全评估报告。

(3)问题整改及复核

专家意见确定后，应尽快组织问题分工会，明确问题整改节点。专家意见中的 A 类问题必须在复核前完成整改，B 类问题尽可能完成整改或制定有效的防范措施。复核方式一般有函审和实地复审两种方式，可根据问题多少、时间是否紧急与评估单位沟通复核方式。其中函审方式是专家通过查阅地铁公司提供的书面整改材料给出结论；实地复审是邀请专家进行现场复核。

10 结语与展望

目前全自动运行中的最高等级 UTO 除了可以自动管理列车的日常运行外，还可以根据预设场景在故障情况下进行自动应对。系统控制的智能化程度将进一步提升，系统将向感知、决策、执行一体化演进，如基于运能、运量匹配的运行计划调整的智能调度系统、基于灵活运营需求的高效列车自主控制系统、列车主动安全防护系统、基于设备可用状态和乘客舒适度要求的一体化环境保障系统等，这些系统最终会进一步提升城市轨道交通的全自动运行等级，引领城市交通进入智能化时代。

全自动运行系统通过设备取代人实现了系统自动化程度的提升，要求全自动运行系统应具有更高的可靠性，这是保障全自动运行系统稳定运行的基础。系统设备的可靠性提升及冗余设计要求运营维护人员更加深入的介入到建设过程，系统掌握全自动运行系统的原理，为开通初期运营后的运营管理工作奠定基础。

全自动运行线路的运营筹备工作是非常繁杂的系统性、长期性的工作，在实际管理中，各地运营管理情况差异较大，应当在全自动运行线路运营管理需求的基础上，结合后续扩展规划等因素，综合考虑运营单位的总体运营管理需求，从而选定企业管控模式以及生产组织模式。根据确定的生产组织模式，组织运营人员开展全自动运行筹备与介入工作。本书基于运营管理角度介绍全自动运行线路的筹备工作，鉴于各地全自动运行线路的发展理念与管理理念差异，在筹备过程中需要结合实际情况对筹备模式进行调整，以更加适合全自动运行线路开通后的运营管理。